AF525250

HOBBIES SCHINKENSTANGE

Günter Müller

BROT backen auf dem GASGRILL

Bassermann

BROT BACKEN SCHRITT-FÜR-SCHRITT, EIN ÜBERBLICK

AM VORTAG (zum Beispiel am frühen Abend)

Vorteig herstellen

Teigruhe über Nacht (12 Stunden), abgedeckt im Kühlschrank

AM BACKTAG

Hauptteig herstellen (zum Beispiel am späten Vormittag)

- Alle Zutaten abwiegen und bereitstellen
- Küchenmaschine mit Knethaken*: Teigzutaten vermischen, Teig kneten
- Teig rund formen, in eingeölte Teigwanne (oder große Schüssel) geben
- Teigruhe, abgedeckt, bei Zimmertemperatur, zwischendurch evtl. dehnen + falten oder mit der Hand kneten

Teig aus Teigwanne nehmen

- Bei Teigen, die gedehnt + gefaltet wurden: vorsichtiger Umgang mit dem Teig, um die Kleberstruktur zu erhalten
- Bei Teigen mit viel Roggen oder körnerhaltig: kräftig durchkneten, um Gärgase rauszudrücken, dadurch erreicht man eine gleichmäßige Porung der Krume
- evtl. Teiglinge mit Teigspatel abtrennen und abwiegen
- nach Rezept formen, aufs Blech oder in die Backform geben
- ca. 30–45 Min Stückgare: abgedeckt, bei Raumtemperatur, je wärmer, desto schneller, dient der Teigentwicklung

Brot backen

- Den Grill mit geschlossenem Deckel mindestens 30 Minuten vorheizen
- Die Bleche/Backformen mit den Teigen immer mit **feuerfesten Handschuhen!** auf den Pizzastein des Grills geben, Abstand Teigoberfläche zum Grilldeckel: 6–10 cm
- Zum Beschwaden Wasser in die feuerfeste Schale geben. Vorsicht – sofortige Dampfentwicklung, **Verbrennungsgefahr!**
- Grill sofort wieder schließen
- Temperaturregulierung: die hohe Anbacktemperatur wird herunterreguliert, sobald der Teig im Grill ist. Dafür den Brenner unter dem Pizzastein ausstellen, die anderen herunterregulieren, um die niedrigere Ausbacktemperatur zu erhalten: Probieren Sie aus, wie sich Ihr Grill verhält, behalten Sie die Temperaturanzeige im Blick.
- Backvorgang: Grill nur zu Ende der Backzeit (ca. 10 Minuten vor dem genannten Backzeitende) zum Kontrollieren kurz öffnen. Eventuell Brote von hinten nach vorne stellen oder Form um 180 °C drehen, um gleichmäßige Bräunung zu bekommen.
- Entnahme der Brote nur mit **feuerfesten Handschuhen!**
- Garprobe. Bei negativer Garprobe: ca. 5 Minuten nachbacken
- Brote auf Kuchengitter abkühlen lassen

* Die Knetzeiten in diesem Buch beziehen sich immer auf die Arbeit mit einer Küchenmaschine.

INHALTSVERZEICHNIS

GUT ZU WISSEN

DIE REZEPTE

STANGEN- & FLADENBROTE

KLASSIKER

RAFFINIERT PIKANT & UNGEWÖHNLICH

SÜSSE BROTE

Wasserschale, Rosterhöhung, Pizzastein und mit Backpapier belegtes Backblech

Nach der Teigruhe

Teigspatel

Der Abstand von Brotoberfläche zu Grilldeckel sollte 6–10 cm betragen

Arbeiten Sie mit feuerfesten Grillhandschuhen

VORWORT

Für mich als gelernten Bäcker gibt es nichts Schöneres, als gute Brote auf dem Grill zuzubereiten. Warum? Ganz einfach – ich liebe es, draußen in der Natur vor dem Grill zu stehen. Das ist für mich pure Entspannung. Außerdem ist ein selbst gebackenes Brot doch etwas, auf das man stolz sein kann und das dadurch auch gleich viel besser schmeckt. Davon abgesehen finde ich, Brot wird auf dem Grill einfach leckerer als im Ofen, weil sich eine wesentlich aromatischere Kruste bildet. Sie entsteht durch die hohe Temperatur des Grills – ein normaler Ofen erreicht in der Regel kaum die 250 °C. Wichtig: Während des Backens nicht zu neugierig sein! Lassen Sie den Deckel zu, damit die Hitze gehalten wird. Ist das Brot fertig, sollte es auf einem Kuchengitter abkühlen.

Um auf dem Gasgrill backen zu können, benötigt man nicht viel. Selbst günstige Geräte eignen sich, vorausgesetzt, der Grill verfügt über mindestens **drei Brenner**. Das ist wichtig, weil der mittlere während des Backens ausgeschaltet werden muss, sonst verbrennt das Brot von unten. Ebenso wichtig sind der **Pizzastein** und die **Rosterhöhung**. Es gibt erhöhten Roste entweder im Fachhandel oder kostengünstiger im Einrichtungshaus: Tellerhalter aus Metall sind bestens geeignet. Ohne die Rosterhöhung wird das Brot nicht gelingen, denn es muss möglichst dicht am Deckel des Grills gebacken werden (6–10 cm), ansonsten reicht die Oberhitze nicht aus. Außerdem gehört zum Backen auf dem Grill immer die **feuerfeste Wasserschale**. Sie wird mit aufgeheizt und anschließend mit kaltem Wasser befüllt, sodass sofort Dampf entsteht. Durch den Wasserdampf, der im Laufe des Backvorgangs durch die Öffnungen im Grill entweicht, bekommt das Brot seine unwiderstehliche Kruste.

Unbedingt notwendig sind gute **hitzebeständige Handschuhe** sowie ein **Pizzaschieber**, um die Teiglinge, und auch die Backformen auf den Pizzastein zu heben. Eine **Küchenmaschine mit Knethaken** ist sinnvoll, Waage, Teigspatel, Backblech, Backpapier und Backformen sind immer wieder im Einsatz.

Backen hat auch immer etwas mit Ruhe zu tun. Wer in Eile ist, sollte gar nicht erst anfangen, einen Teig zuzubereiten. Ein perfektes Brot braucht eben Zeit. Ich benutze die Kenwood Cooking Chef XL, weil ich mit ihr bei sehr langsamer Knetgeschwindigkeit die Teige schonend kneten kann.

Zugegeben: Wer auf dem Gasgrill backen will, braucht ein bisschen Übung. Jeder Grill reagiert anders und entwickelt die Wärme unterschiedlich. Auch ich habe einige Zeit gebraucht, bis ich die richtige Höhe des Rosts, die optimale Temperatur und die korrekte Backdauer auf meinem Napoleon Prestige 665 herausgefunden habe. Also nicht enttäuscht sein, wenn die ersten Versuche noch nicht den Erwartungen entsprechen. Es lohnt sich, dranzubleiben, denn mit ein bisschen Übung entstehen die leckersten Brote.

Viel Spaß beim Nachbacken!
Ich freue mich auf Euer Feedback!

BAGUETTE

Dieses französische Stangenweißbrot mit typisch kräftig ausgebackener Kruste (Bild 5) sowie einer unregelmäßigen, groben und saftigen Krume (Bild 6), passt zu allem was gegrillt wird, aber auch zu Rotwein und Käse. // Ergibt 3 Brote à 350 g. // **Fotos auf Seite 12**

VORTEIG (POOLISH)

2 g frische Hefe
100 ml Wasser, ca. 20–23 °C
100 g Weizenmehl, Type 550

HAUPTTEIG

10 g frische Hefe
290 ml Wasser, ca. 20–23 °C
500 g Weizenmehl, Type 550
30 g weiche Butter
202 g Vorteig
16 g Salz

FÜR DIE VERARBEITUNG

Mehl

AM VORTAG

1 Die Hefe ins Wasser bröseln und auflösen. Zum Mehl geben und alles klümpchenfrei mit einem Kochlöffel verrühren und in ein hohes Gefäß abfüllen. Für ca. 1 Stunde, abgedeckt mit einem Geschirrtuch, bei Raumtemperatur ruhen lassen, dann über Nacht abgedeckt in den Kühlschrank stellen.

AM BACKTAG

2 Die Hefe ins Wasser bröseln und darin auflösen. Zuerst das Hefewasser, dann Mehl, Butter und Vorteig in die Küchenmaschine geben und mit dem Knethaken 2 Minuten auf Stufe 1 mischen, dann 8–10 Minuten auf Stufe 2–3 kneten, dabei in den letzten 3 Minuten das Salz zugeben und unterkneten. Den Teig rund formen und in eine große, eingeölte Schüssel/Teigwanne geben.

3 Den Hauptteig 90 Minuten abgedeckt bei Raumtemperatur ruhen lassen, nach 45 Minuten einmal Dehnen + Falten, siehe im Buchumschlag hinten. Dann den Teig für die restlichen 45 Minuten wieder abgedeckt bei Raumtemperatur ruhen lassen.

AUFARBEITEN UND BACKEN

4 Nach der Teigruhe 3 Teiglinge à 350 g abwiegen (Bild 1), zunächst leicht rund, dann länglich zu ca. 25 cm langen Baguettestangen mit spitzen Enden formen (Bild 2 und 3) und auf das mit Backpapier belegte Backblech setzen. Die Baguettes mit einem Leinen- oder Geschirrtuch abgedeckt bei Raumtemperatur ca. 30–45 Minuten ruhen lassen (Stückgare).

AUSSERDEM
1 Backblech, mit Backpapier belegt, Teigspatel, Waage, Teigwanne, Pizzastein, Rosterhöhung oder Backsteine (Abstand Teigoberfläche zum Grilldeckel sollte 6–10 cm betragen), feuerfeste Schale für 200 ml Wasser

5 In der Zwischenzeit den Gasgrill auf 280 °C aufheizen, Rosterhöhung, Pizzastein und Wasserschale ohne Wasser mit erhitzen. Die Temperatur sollte mindestens 30 Minuten so hoch sein, damit Pizzastein und Deckel des Grills heiß genug werden.

6 Die Teiglinge mit einem scharfen Messer 3 bis 4-mal ca. 3 mm tief schräg einschneiden (Bild 4), dann mit dem Backblech auf den heißen Pizzastein in den Gasgrills stellen. 200 ml Wasser in die feuerfeste Schale gießen und den Deckel des Grills zügig schließen. Die Temperatur sofort auf 220 °C senken, dafür den Brenner, der direkt unter dem Pizzastein ist, komplett ausmachen und die anderen Brenner herunterdrehen. Die Backzeit beträgt 25–30 Minuten.

GARPROBE
Klopft man mit den Fingerknöcheln gegen die Unterseite des Brots, sollte es sich hohl anhören. Zum Abkühlen die Brote auf ein Kuchengitter stellen.

Damit Teiglinge nicht miteinander verkleben, kann man sie durch ein wellenförmig gelegtes Geschirrtuch voneinander abtrennen.

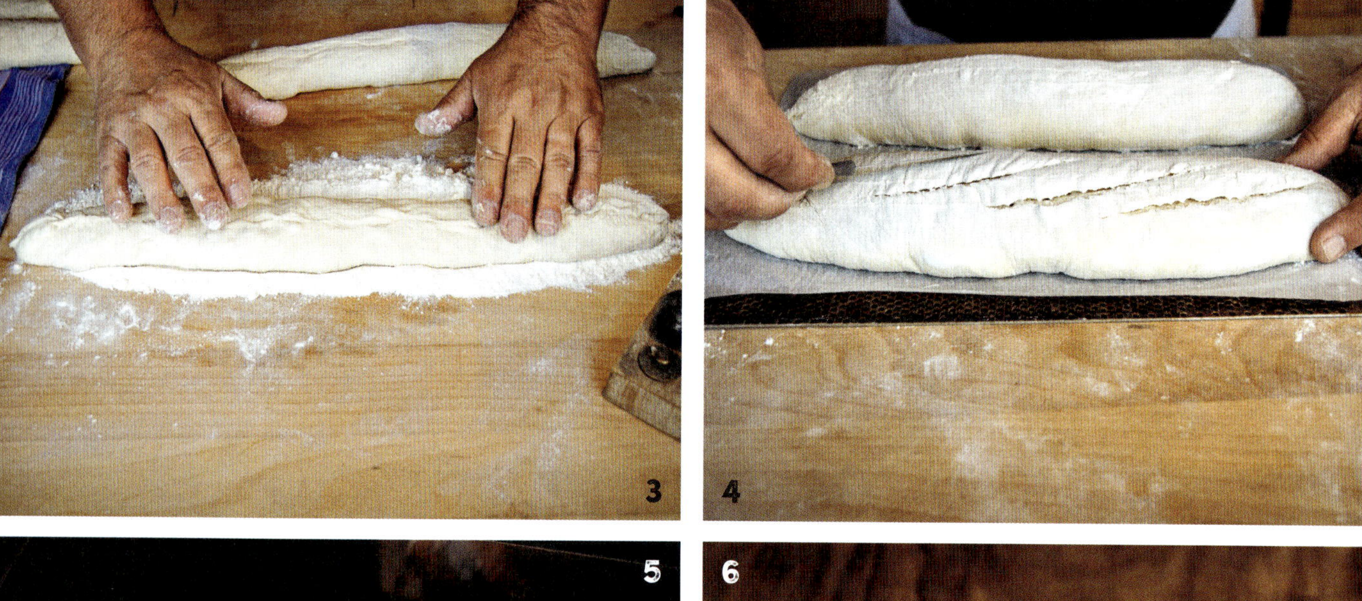

KRÄUTER-DER-PROVENCE-STANGE

KRÄUTER-DER-PROVENCE-STANGE

Hier überzeugt der Geschmack nach aromatischen Kräutern. Passst hervorragend zu Antipasti. // Ergibt 2 Brote à 360 g. // Foto auf Seite 13

VORTEIG (POOLISH)

2 g frische Hefe
100 ml Wasser, ca. 20–23 °C
100 g Weizenmehl, Type 550

HAUPTTEIG

15 g frische Hefe
170 ml Wasser, ca. 20–23 °C
330 g Weizenmehl, Type 550
202 g Vorteig
4 g Honig
12 g Salz
5 g getrocknete Kräuter der Provence

FÜR DIE VERARBEITUNG

Mehl

AM VORTAG

1 Die Hefe ins Wasser bröseln und auflösen, zum Mehl geben und alles klümpchenfrei mit einem Kochlöffel verrühren. In ein hohes Gefäß abfüllen und für ca. 1 Stunde bei Raumtemperatur stehen lassen, dann über Nacht abgedeckt in den Kühlschrank stellen.

AM BACKTAG

2 Die Hefe ins Wasser bröseln und darin auflösen. Zuerst das Hefewasser, dann Mehl, Vorteig und Honig in die Küchenmaschine geben und mit dem Knethaken ca. 2 Minuten auf Stufe 1 mischen, anschließend 10–12 Minuten auf Stufe 2 kneten, in den letzten 3 Minuten das Salz unterkneten. Anschließend Kräuter der Provence zufügen und auf Stufe 1 unter den Teig mischen. Den Teig rund formen und in eine große, eingeölte Schüssel/Teigwanne geben.

3 Den Hauptteig 90–120 Minuten abgedeckt bei Raumtemperatur ruhen lassen, nach jeweils 30–40 Minuten Dehnen + Falten (insgesamt zweimal), siehe im Buchumschlag hinten. Nach dem zweiten Dehnen + Falten den Teig für die restlichen 30–40 Minuten wieder abgedeckt bei Raumtemperatur ruhen lassen.

AUFARBEITEN UND BACKEN

4 Nach der Teigruhe zwei Teiglinge à 360 g abwiegen, leicht rund formen, dann zu zwei länglichen Stangen von ca. 30 cm rollen (Bild 1) und leicht mit Weizenmehl aus dem Sieb bestäuben (Bild 2). Die Stangen etwas flach drücken und mit dem Schluss (der Nahtseite) nach unten mit guten Abstand voneinander auf das mit Backpapier belegte Backblech setzen.

5 Mit dem Teigschaber in Längsrichtung 3 Mal in den Teig stechen (Bild 3), den Teig beidseitig leicht auseinander ziehen (Bild 4). Für ca. 40 Minuten bei Raumtemperatur abgedeckt mit einem Leinen- oder Geschirrtuch stehen lassen (Stückgare).

AUSSERDEM

1 Backblech, mit Backpapier belegt, Teigspatel, Waage, Teigwanne, Sieb, Pizzastein, Rosterhöhung oder Backsteine (Abstand Teigoberfläche zum Grilldeckel sollte 6–10 cm betragen), feuerfeste Schale für 200 ml Wasser

6 In der Zwischenzeit den Gasgrill auf 280 °C aufheizen, Rosterhöhung, Pizzastein und Wasserschale ohne Wasser darin erhitzen. Die Temperatur sollte mindestens 30 Minuten so hoch sein, damit Pizzastein und Deckel des Grills heiß genug werden.

7 Die Teiglinge mit dem Backblech auf den heißen Pizzastein in den Gasgrill stellen. 200 ml Wasser in die feuerfeste Schale gießen und den Deckel des Grills zügig schließen. Die Temperatur sofort auf 220 °C senken, dafür den Brenner, der direkt unter dem Pizzastein ist, komplett ausmachen und die anderen Brenner herunterdrehen. Die Teiglinge 25–30 Minuten backen.

GARPROBE

Klopft man mit den Fingerknöcheln gegen die Unterseite des Brots, sollte es sich hohl anhören. Zum Abkühlen die Brote auf ein Kuchengitter stellen.

1

2

3

4

CIABATTA

Typisch ist die leicht flache, breite Form des Brotes. Es passt zu Salat, allem Gegrillten und ich mag es besonders gern angeröstet mit Knoblauchbutter.
// Ergibt 2 Brote à 580 g.

VORTEIG (POOLISH)

2 g frische Hefe
100 ml Wasser, ca. 20–23 °C
100 g Weizenmehl, Type 550

HAUPTTEIG

25 g frische Hefe
200 ml Wasser, ca. 20–23 °C
100 ml Milch
500 g Weizenmehl, Type 550
202 g Vorteig
15 g Zucker
20 g Salz

FÜR DIE VERARBEITUNG

Mehl

AM VORTAG

1 Die Hefe ins Wasser bröseln und auflösen, zum Mehl geben, alles klümpchenfrei mit einem Kochlöffel verrühren und in ein hohes Gefäß abfüllen. Für ca. 1 Stunde bei Raumtemperatur stehen lassen, dann über Nacht abgedeckt in den Kühlschrank stellen.

AM BACKTAG

2 Die Hefe ins Wasser bröseln und auflösen. Zuerst Hefewasser und Milch, dann Mehl, Vorteig und Zucker in die Küchenmaschine geben und mit dem Knethaken 2 Minuten auf Stufe 1 mischen, dann 12–14 Minuten auf Stufe 2–3 kneten, dabei in den letzten 3 Minuten das Salz zugeben und unterkneten. Den Teig rund formen und in eine große, eingeölte Schüssel/Teigwanne legen.

3 Den Hauptteig, abgedeckt mit einem Geschirrtuch, 120–150 Minuten bei Raumtemperatur ruhen lassen. In dieser Zeit den Teig zweimal Dehnen + Falten (nach jeweils ca. 40–50 Minuten), siehe im Buchumschlag hinten. Nach dem zweiten Dehnen + Falten den Teig die restlichen 40–50 Minuten wieder abgedeckt bei Raumtemperatur stehen lassen.

AUFARBEITEN UND BACKEN

4 Nach der Teigruhe zwei Teiglinge à 580 g abwiegen, leicht rund formen, anschließend ganz locker (damit die Luft für die große Porung nicht weggedrückt wird) länglich rollen.

5 Die Teiglinge mit dem Schluss (Naht) nach oben auf ein mit Weizenmehl bemehltes Leinen- oder Geschirrtuch legen und mit Weizenmehl aus dem Sieb bestäuben (Bild 1). Bei Raumtemperatur mit einem Leinen- oder Geschirrtuch abgedeckt ca. 40–50 Minuten ruhen lassen (Stückgare).

AUSSERDEM
Backblech, mit Backpapier belegt, Teigspatel, Waage, Teigwanne, Sieb, Pizzastein, Rosterhöhung oder Backsteine (Abstand Teigoberfläche zum Grilldeckel sollte 6–10 cm betragen), feuerfeste Schale für 200 ml Wasser

6 In der Zwischenzeit den Gasgrill auf 280 °C aufheizen, Rosterhöhung, Pizzastein und Wasserschale ohne Wasser mit erhitzen. Die Temperatur sollte mindestens 30 Minuten so hoch sein, damit Pizzastein und Deckel des Grills heiß genug werden.

7 Die Teiglinge nach der Stückgare wenden, also mit der Naht nach unten auf die Arbeitsplatte legen, leicht mit Mehl besieben und vorsichtig auf das Backblech legen. Das Backblech vorsichtig auf den heißen Pizzastein des Gasgrills stellen. 200 ml Wasser in die feuerfeste Schale gießen und den Deckel des Grills zügig schließen. Dann die Temperatur sofort auf 230 °C senken, dafür den Brenner, der direkt unter dem Pizzastein ist, komplett ausmachen und die anderen herunterdrehen. Die Teiglinge 25–30 Minuten backen.

GARPROBE
Klopft man mit den Fingerknöcheln gegen die Unterseite des Brots, sollte es sich hohl anhören. Zum Abkühlen die Brote auf ein Kuchengitter stellen.

FOCACCIA

Dieses ligurische Fladenbrot wird vor dem Backen mit Olivenöl, Rosmarin und ein wenig Flockensalz verfeinert. Es ist sehr beliebt für einen Zwischengang beim Grillen. Dazu ein kleines Schälchen mit gutem Olivenöl hinstellen und das Focaccia darin eintunken. // Ergibt 2 Brote à 1630 g. **// Foto auf Seite 20**

HAUPTTEIG

10 g frische Hefe
720 ml Wasser, ca. 20–23 °C
1000 g Weizenmehl, Type 550
50 g Hartweizengrieß
20 g Salz
60 g Olivenöl
2 Knoblauchzehen, klein geschnitten
2 Zweige Rosmarin, Nadeln klein geschnitten

FÜR DEN BELAG

3 EL Olivenöl
1 Zweig Rosmarin, Nadeln klein geschnitten
evtl. Flockensalz

FÜR DIE VERARBEITUNG

Mehl

AM BACKTAG

1 Die Hefe ins Wasser bröseln und auflösen. Zuerst Hefewasser, dann Mehl und Grieß in die Küchenmaschine geben und auf Stufe 1 mit dem Knethaken 12 Minuten mischen, dann ca. 5 Minuten auf Stufe 3–4 zu einem sehr weichen, plastischen Teig kneten, in den letzten 3 Minuten das Salz zugeben. Zum Schluss das Olivenöl auf Stufe 2 untermischen, dann Knoblauch und Rosmarinnadeln. Den Teig rund formen und in eine große, eingeölte Schüssel/Teigwanne legen.

2 Den Teig ca. 3 Stunden bei Raumtemperatur abgedeckt ruhen lassen. In dieser Zeit den Teig zweimal Dehnen + Falten (nach jeweils ca. 60 Minuten), siehe Bild 1 und im Buchumschlag hinten. Nach dem zweiten Dehnen + Falten den Teig für die restlichen 60 Minuten wieder abgedeckt bei Raumtemperatur ruhen lassen.

AUFARBEITEN UND BACKEN

3 Den Teig halbieren und auf zwei geölte Backbleche geben (Bild 2), der Teig sollte ca. 1,2 cm dick sein. Mit allen zehn Fingern vorsichtig auf Blechgröße drücken (Bild 3). Anschließend mit dem Öl beträufeln und gleichmäßig mit Rosmarinnadeln bestreuen, wer mag, gibt noch ein paar Salzflocken dazu. Die Teige, mit einem Geschirrtuch abgedeckt, bei Raumtemperatur ca. 40 Minuten ruhen lassen (Stückgare).

4 In der Zwischenzeit den Gasgrill auf 280 °C aufheizen, Rosterhöhung, Pizzastein und Wasserschale ohne Wasser mit erhitzen. Die Temperatur sollte mindestens 30 Minuten so hoch sein, damit Pizzastein und Deckel des Grills heiß genug werden.

AUSSERDEM
2 Backbleche, eingeölt, Teigspatel, Waage, Teigwanne, Pizzastein, Rosterhöhung oder Backsteine (Abstand Teigoberfläche zum Grilldeckel sollte 6–10 cm betragen), feuerfeste Schale für 200 ml Wasser

5 Nach der Stückgare das erste Blech auf den heißen Pizzastein des Gasgrills stellen. 200 ml Wasser in die feuerfeste Schale gießen und den Deckel des Grills zügig schließen. Die Temperatur sofort auf 220 °C senken, dafür den Brenner, der direkt unter dem Pizzastein ist, komplett ausmachen und die anderen Brenner herunterdrehen. Das Brot ca. 25–30 Minuten backen. Mit dem zweiten Blech ebenso verfahren.

GARPROBE
Wenn das Brot eine Kerntemperatur von 95–98 °C erreicht haben, ist es perfekt. Die Focaccias auf Kuchengittern abkühlen lassen.

1

2

3

FOCACCIA

OLIVENBROT

Ein einfaches Rezept für ein fluffiges Olivenbrot mit Oregano. Köstlich zu Wein, Käse und Oliven. // Ergibt 2 Brote à 540 g. // **Foto auf Seite 21**

VORTEIG (FERMENTIERTER VORTEIG)

1 g frische Hefe
27 ml Wasser, ca. 20–23 °C
40 g Weizenmehl, Type 550
1 g Salz

HAUPTTEIG

20 g frische Hefe
290 ml Wasser, ca. 20–23 °C
4 g Honig
500 g Weizenmehl, Type 550
69 g Vorteig
14 g Salz
25 ml Olivenöl
150 g grüne Oliven, klein geschnitten
2 g Oreganoblättchen

ZUM BESTÄUBEN

Weizenmehl

AM VORTAG

1 Die Hefe ins Wasser bröseln und auflösen, zum Mehl geben und alles klümpchenfrei in der Küchenmaschine verkneten. Den Teig in eine Plastikdose umfüllen und diese verschlossen ca. 1 Stunde bei Raumtemperatur stehen lassen. Über Nacht in den Kühlschrank stellen.

AM BACKTAG

2 Die Hefe ins Wasser bröseln und auflösen. Zuerst das Hefewasser, dann Honig, Mehl und Vorteig in die Küchenmaschine geben und mit dem Knethaken auf Stufe 1 für 2 Minuten mischen, dann 8–10 Minuten auf Stufe 2–3 kneten. Nach ca. 3 Minuten das Olivenöl nach und nach zugeben. In den letzten 3 Minuten das Salz unterkneten. Zum Schluss Oliven und Oregano zufügen und auf Stufe 1 untermischen. Den Teig rund formen und in eine große, eingeölte Schüssel/Teigwanne legen.

3 Den Teig 90 Minuten ruhen lassen, dabei nach 45 Minuten einmal Dehnen + Falten, siehe im Buchumschlag hinten. Nach dem Dehnen + Falten für die restlichen 45 Minuten wieder abgedeckt mit einem Geschirrtuch bei Raumtemperatur ruhen lassen.

AUFARBEITEN UND BACKEN

4 Nach der Teigruhe zwei Teiglinge à 540 g abwiegen, rund formen und kurz ruhen lassen. Anschließend leicht flach drücken. Mit einem Kochlöffelstiel ein Rautenmuster eindrücken (3-mal waage- und senkrecht, Bild 1). Etwas Mehl in ein feines Sieb geben und die Oberfläche bestäuben (Bild 2). Die Teiglinge aufs Backblech legen und abgedeckt mit einem Geschirrtuch für ca. 35–40 Minuten bei Raumtemperatur ruhen lassen (Stückgare).

5 In der Zwischenzeit den Gasgrill auf 300 °C aufheizen, Pizzastein, Rosterhöhung und Wasserschale ohne Wasser mit erhitzen.

AUSSERDEM
1–2 Backbleche, mit Backpapier belegt, Teigspatel, Waage, Teigwanne, Sieb, Kochlöffel, Pizzastein, Rosterhöhung oder Backsteine (Abstand Teigoberfläche zum Grilldeckel sollte 6–10 cm betragen), feuerfeste Schale für 200 ml Wasser

Die Temperatur sollte mindestens 30 Minuten so hoch sein, damit Pizzastein und Deckel des Grills heiß genug werden.

6 Die Olivenbrote mit dem Backblech auf den heißen Pizzastein stellen. 200 ml Wasser in die feuerfeste Schale gießen und den Deckel des Grills zügig schließen. Die Temperatur sofort auf 210 °C senken, dafür den Brenner, der direkt unter dem Pizzastein ist, komplett ausmachen und die anderen Brenner herunterdrehen. Die Brote ca. 20–25 Minuten backen.

GARPROBE
Bei einer Kerntemperatur von 95–98 °C ist das Brot perfekt gebacken. Zum Abkühlen auf ein Kuchengitter stellen.

ZWIEBELFLADENBROT

Eins meiner absoluten Lieblingsbrote. Für den kräftigen Geschmack sorgen die Röstzwiebeln. // Ergibt 2 Brote à 500 g.

VORTEIG (FERMENTIERTER VORTEIG)

1 g frische Hefe
27 ml Wasser, ca. 20–23 °C
40 g Weizenmehl, Type 550
1 g Salz

HAUPTTEIG

15 g frische Hefe
370 ml Wasser, ca. 20–23 °C
500 g Weizenmehl, Type 550
69 g Vorteig
13 g Salz
75 g Röstzwiebeln

FÜR DIE VERARBEITUNG

Hartweizengrieß
Sonnenblumenöl
Salzflocken

AM VORTAG

1 Die Hefe ins Wasser bröseln und auflösen, zum Mehl geben und alles klümpchenfrei in der Küchenmaschine verkneten. Den Teig in eine Plastikdose umfüllen und diese verschlossen ca. 1 Stunde bei Raumtemperatur stehen lassen. Über Nacht in den Kühlschrank stellen.

AM BACKTAG

2 Die Hefe ins Wasser bröseln und darin auflösen. Zuerst das Hefewasser, dann Mehl und Vorteig in die Küchenmaschine geben und mit dem Knethaken ca. 2 Minuten auf Stufe 1 mischen, anschließend 8-10 Minuten auf Stufe 2 kneten, in den letzten 3 Minuten das Salz unterkneten. Anschließend die Röstzwiebeln zugeben und schonend auf Stufe 1 untermischen. Den Teig rund formen und in eine große, eingeölte Schüssel/Teigwanne legen.

3 Den Hauptteig 120 Minuten abgedeckt mit einem Geschirrtuch bei Raumtemperatur stehen lassen, nach jeweils 40 Minuten Dehnen + Falten (insgesamt zweimal), siehe Bild 1 und im Buchumschlag hinten. Nach dem zweiten Dehnen + Falten den Teig für die restlichen 40 Minuten wieder abgedeckt bei Raumtemperatur ruhen lassen.

AUFARBEITEN UND BACKEN

4 Nach der Teigruhe zwei Teiglinge à 500 g abwiegen und rund formen. Die Teiglinge auf eine mit Hartweizengrieß bestreute Arbeitsfläche legen. Die Oberfläche der Teiglinge mit Sonnenblumenöl bestreichen, dann abgedeckt mit einem Geschirrtuch bei Raumtemperatur ruhen lassen. Nach ca. 10 Minuten mit den Fingern Löcher in den Teig drücken (Bild 2) und die Teiglinge für weitere 30-40 Minuten abgedeckt bei Raumtemperatur ruhen lassen (Stückgare).

5 In der Zwischenzeit den Gasgrill auf 280 °C aufheizen, Pizzastein, Rosterhöhung und Wasserschale ohne Wasser mit erhitzen. Die Temperatur sollte mindestens 30 Minuten so hoch sein, damit Pizzastein und Deckel des Grills heiß genug werden.

6 Die Teiglinge dezent mit Salzflocken bestreuen und mit einem Pizzaschieber auf den heißen Pizzastein stellen. 200 ml Wasser in die feuerfeste Schale gießen und den Deckel des Grills zügig schließen. Die Temperatur sofort auf 210 °C senken, dafür den Brenner, der direkt unter dem Pizzastein ist, komplett ausmachen und die anderen Brenner herunterdrehen. Die Teiglinge ca. 22-25 Minuten backen.

AUSSERDEM

Pinsel, Pizzaschieber, Teigspatel, Waage, Teigwanne, Pizzastein, Rosterhöhung oder Backsteine (Abstand Teigoberfläche zum Grilldeckel sollte 6–10 cm betragen), feuerfeste Schale für 200 ml Wasser

GARPROBE

Bei einer Kerntemperatur von 95–98 °C ist das Brot perfekt gebacken. Zum Abkühlen auf ein Kuchengitter stellen.

DINKELDREIKORNBROT

Dieses saftige Dreikornbrot schmeckt nicht nur gut, es macht auch lange satt.
// Ergibt 2 Brote à 500 g. // Foto auf Seite 28

VORTEIG (FERMENTIERTER VORTEIG)

1 g frische Hefe
27 ml Wasser, ca. 20–23 °C
40 g Dinkelmehl, Type 630
1 g Salz

KÖRNERMISCHUNG

25 g geröstete Sonnenblumenkerne
150 ml Wasser
25 g Leinsamen
25 g Roggenschrot

HAUPTTEIG

20 g frische Hefe
320 ml Wasser, ca. 20–23 °C
500 g Dinkelmehl, Type 630
69 g Vorteig
18 g Salz

OBERFLÄCHENMISCHUNG

50 g Sonnenblumenkerne ungeröstet
50 g Leinsamen
50 g Sesam

FÜR DIE VERARBEITUNG

Mehl

AM VORTAG

1 Die Hefe ins Wasser bröseln und auflösen, zum Mehl geben und alles klümpchenfrei in der Küchenmaschine verkneten. Den Teig in eine Plastikdose umfüllen und diese verschlossen ca. 1 Stunde bei Raumtemperatur stehen lassen. Über Nacht in den Kühlschrank stellen.

2 Für die Körnermischung die Sonnenblumenkerne in einer Pfanne ohne Fett rösten, bis sie leicht braun werden, dann mit 150 ml Wasser ablöschen. Leinsamen und Roggenschrot zusammen mit den Sonnenblumenkernen in eine Schale geben, gut vermischen und über Nacht bei Raumtemperatur abgedeckt stehen lassen.

AM BACKTAG

3 Für den Hauptteig die Hefe ins Wasser bröseln und darin auflösen. Zuerst das Hefewasser, dann Mehl, Vorteig und Salz in die Küchenmaschine geben und mit dem Knethaken ca. 2 Minuten auf Stufe 1 mischen, anschließend 6–8 Minuten auf Stufe 2–3 kneten. Zum Schluss die Körnermischung zugeben und auf Stufe 1 vorsichtig untermischen (Bild 1). Den Teig rund formen und in eine große, eingeölte Schüssel/Teigwanne legen.

4 Den Hauptteig 30–45 Minuten abgedeckt mit einem Geschirrtuch bei Raumtemperatur ruhen lassen. In der Zwischenzeit die Zutaten für die Oberflächenmischung miteinander verrühren und in eine längliche Schüssel geben.

AUFARBEITEN UND BACKEN

5 Nach der Teigruhe zwei Teiglinge à 500 g abwiegen, zunächst rund, dann länglich formen. Die Teiglinge mit dem Schluss (der Naht) nach unten auf eine leicht bemehlte Arbeitsplatte legen, die Oberfläche mit Wasser bestreichen, in der Oberflächenmischung wälzen (Bild 2) und mit der Oberflächenmischung nach oben in

AUSSERDEM
2 Kastenformen für 500 g (ca. 23 x 13 x 7 cm), mit Backpapier ausgelegt, Teigspatel, Waage, Pinsel, Teigwanne, Pizzastein, Rosterhöhung oder Backsteine (Abstand Teigoberfläche zum Grilldeckel sollte 6–10 cm betragen), feuerfeste Schale für 150 ml Wasser

die Backformen legen. Bei Raumtemperatur und mit einem Geschirrtuch abgedeckt ca. 45–60 Minuten ruhen lassen (Stückgare).

6 In der Zwischenzeit den Gasgrill auf 280 °C aufheizen, Rosterhöhung, Pizzastein und Wasserschale ohne Wasser mit erhitzen. Die Temperatur sollte mindestens 30 Minuten so hoch sein, damit Pizzastein und Deckel des Grills heiß genug werden.

7 Die Teiglinge sollten nach der Ruhezeit bis ca. 2 cm unter den Rand der Backform aufgegangen sein. Die Formen auf den heißen Pizzastein stellen, 150 ml Wasser in die feuerfeste Schale gießen und den Deckel des Grills zügig schließen. Die Temperatur sofort auf 210 °C senken, dafür den Brenner, der direkt unter dem Pizzastein ist, komplett ausmachen und die anderen Brenner herunterdrehen. Die Backzeit beträgt ca. 30–35 Minuten.

GARPROBE
Klopft man mit den Fingerknöcheln gegen die Unterseite des Brots, sollte es sich hohl anhören.

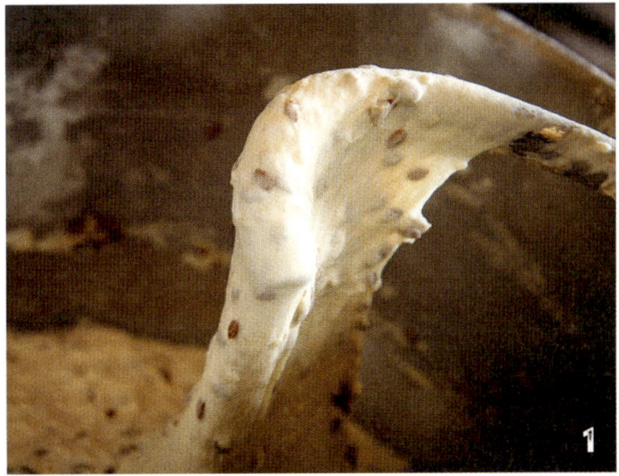
1

2

DINKELDREIKORNBROT

HEIDEBROT

HEIDEBROT

Typisch für das Heidebrot ist die glänzende Kruste und der mehlige Rand. Einfach nur mit Butter und herzhaftem Käse oder pikanter Wurst schmeckt es wunderbar. // Ergibt 2 Brote à 1 kg. // **Foto auf Seite 29**

QUELLSTÜCK

200 g grober Roggenschrot
150 ml Wasser, ca. 20–23 °C

HAUPTTEIG

25 g frische Hefe
650 ml Wasser, ca. 20–23 °C
380 g reifer Natursauerteig (bekommt man beim Bäcker)
600 g Dinkelmehl, Type 630
350 g Roggenmehl, Type 1150
30 g Salz

FÜR DIE VERARBEITUNG

Roggenmehl

AM VORTAG

1 Den Roggenschrot mit dem Wasser verrühren und über Nacht, abgedeckt mit einem Geschirrtuch, bei Raumtemperatur quellen lassen.

AM BACKTAG

2 Die Hefe ins Wasser bröseln und darin auflösen. Zuerst das Hefewasser, dann Natursauerteig, beide Mehlsorten und Salz in die Küchenmaschine geben und mit dem Knethaken ca. 2 Minuten auf Stufe 1 mischen, anschließend 6–8 Minuten auf Stufe 2 kneten. Zum Schluss den eingeweichten Roggenschrot zum Teig geben und auf Stufe 1 untermischen. Den Teig rund formen, in eine große, eingeölte Schüssel/Teigwanne legen und 40 Minuten abgedeckt mit einem Geschirrtuch bei Raumtemperatur ruhen lassen.

AUFARBEITEN UND BACKEN

3 Nach der Teigruhe den Teig kurz durchstoßen, dafür mit beiden Händen etwas auf den Teig drücken und ihn rund formen (Bild 1). Roggenmehl auf die Arbeitsfläche streuen und den Teig komplett darin wälzen. Den Teig oval formen (Bild 2), auf ein bemehltes Teig- oder Geschirrtuch legen und ihn ca. 30 Minuten, abgedeckt mit einem Geschirrtuch, bei Raumtemperatur ruhen lassen (Stückgare).

4 In der Zwischenzeit den Gasgrill auf 300 °C aufheizen, Pizzastein, Rosterhöhung und Wasserschale ohne Wasser mit erhitzen. Die Temperatur sollte mindestens 30 Minuten so hoch sein, damit Pizzastein und Deckel des Grills heiß genug werden.

5 Den Teig vom Tuch nehmen, vorsichtig das Mehl mit der Hand abstreichen und mit einem scharfen Brotmesser in der Mitte durchschneiden (Bild 3). Nun die beiden Teile so ablegen, dass die Schnittflächen oben sind (Bild 4). Kurz ruhen lassen, dann mit

AUSSERDEM

Pizzaschieber, Brotmesser, Teigspatel, Waage, Teigwanne, Pizzastein, Rosterhöhung oder Backsteine (Abstand Teigoberfläche zum Grilldeckel sollte 6–10 cm betragen), feuerfeste Schale für 150 ml Wasser

dem Pizzaschieber auf den heißen Pizzastein stellen. 150 ml Wasser in die feuerfeste Schale gießen und den Deckel des Grills zügig schließen. Die Temperatur sofort auf 210–220 °C senken, dafür den Brenner, der direkt unter dem Pizzastein ist, komplett ausmachen und die anderen Brenner herunterdrehen. Nach 1 Minute den Grilldeckel vorsichtig für 3–5 Sekunden öffnen, damit der restliche Wasserdampf entweichen kann. Dann den Gasgrill wieder schließen und die Heidebrote 50–60 Minuten backen.

GARPROBE

Klopft man mit den Fingerknöcheln gegen die Unterseite des Brots, sollte es sich hohl anhören. Zum Abkühlen die Brote auf ein Kuchengitter stellen.

1

2

3

4

SCHWÄBISCHES BAUERNBROT

Ein herrliches Bauernbrot mit einem hohen Krustenanteil. Da stecken jede Menge Aromen drin. // Ergibt 2 Brote à 460 g.

VORTEIG (FERMENTIERTER VORTEIG)

1 g frische Hefe
27 ml Wasser, ca. 20–23 °C
40 g Weizenmehl, Type 550
1 g Salz

HAUPTTEIG

18 g frische Hefe
300 ml Wasser, ca. 20–23 °C
50 g Naturjoghurt
450 g Dinkelmehl, Type 630
75 g Roggenmehl, Type 1150
50 g reifer Natursauerteig (bekommt man beim Bäcker)
69 g Vorteig
33 g Salz

FÜR DIE VERARBEITUNG

Mehl

AM VORTAG

1 Die Hefe ins Wasser bröseln und auflösen, zum Mehl geben und alles klümpchenfrei in der Küchenmaschine verkneten. Den Teig in eine Plastikdose umfüllen und diese verschlossen ca. 1 Stunde bei Raumtemperatur stehen lassen. Über Nacht in den Kühlschrank stellen.

AM BACKTAG

2 Die Hefe ins Wasser bröseln und darin auflösen. Zuerst das Hefewasser, dann Joghurt, beide Mehlsorten, Sauerteig, Vorteig und Salz in die Küchenmaschine geben und mit dem Knethaken ca. 2 Minuten auf Stufe 1 mischen, anschließend 8–10 Minuten auf Stufe 2 kneten. Den Teig rund formen, in eine große, eingeölte Schüssel/Teigwanne legen und 45 Minuten, abgedeckt mit einem Geschirrtuch, bei Raumtemperatur ruhen lassen.

AUFARBEITEN UND BACKEN

3 Nach der Teigruhe zwei Teiglinge à 460 g abwiegen, leicht rund formen, dann länglich formen (Bild 1). Die Schlussseite (Nahtseite) in Mehl wälzen. Die Teiglinge mit dem Schluss nach unten auf ein Teig- oder Geschirrtuch setzen und abgedeckt mit einem Geschirrtuch bei Raumtemperatur ca. 45–60 Minuten ruhen lassen (Stückgare, Bild 2).

4 In der Zwischenzeit den Gasgrill auf 280 °C aufheizen, Pizzastein, Rosterhöhung und Wasserschale ohne Wasser mit erhitzen. Die Temperatur sollte mindestens 30 Minuten so hoch sein, damit Pizzastein und Deckel des Grills heiß genug werden.

AUSSERDEM
Pizzaschieber, Teigspatel, Waage, Teigwanne, Pizzastein, Rosterhöhung oder Backsteine (Abstand Teigoberfläche zum Grilldeckel sollte 6–10 cm betragen), feuerfeste Schale für 200 ml Wasser

5 Sobald sich das Volumen der Teiglinge fast verdoppelt hat, werden sie gewendet und mit dem Pizzaschieber sofort auf den heißen Pizzastein gebracht. 150 ml Wasser in die feuerfeste Schale gießen und den Deckel des Grills zügig schließen. Die Temperatur sofort auf 210 °C senken, dafür den Brenner, der direkt unter dem Pizzastein ist, komplett ausmachen und die anderen Brenner herunterdrehen. Die Backzeit beträgt ca. 40–50 Minuten. Beim Backen soll der Schluss schön aufreißen.

GARPROBE
Klopft man mit den Fingerknöcheln gegen die Unterseite des Brots, sollte es sich hohl anhören. Zum Abkühlen die Brote auf ein Kuchengitter stellen.

DINKEL-JOGHURTBROT MIT HAFERFLOCKEN

Ein Brot mit einer tollen, kräftigen knusprigen Kruste. Diese natürliche Hülle schützt die weiche Krume und verbessert die Haltbarkeit. // Ergibt 2 Brote à ca. 500 g.

KOCHSTÜCK

75 g Dinkelvollkornmehl
225 ml kochendes Wasser

HAUPTTEIG

20 g frische Hefe
100 ml Milch, lauwarm, maximal 24 °C
50 ml Wasser, ca. 20–23 °C
100 g Naturjoghurt
480 g Dinkelmehl, Type 630
300 g Kochstück
16 g Salz

FÜR DIE VERARBEITUNG

Mehl für die Arbeitsfläche
kernige Haferflocken

AM VORTAG

1 Das Mehl in eine Schüssel geben, kochendes Wasser zugeben und mit einem Kochlöffel verrühren. Quellen lassen und abgedeckt über Nacht im Kühlschrank lagern.

AM BACKTAG

2 Die Hefe in die Milch bröseln und darin auflösen. Hefemilch, Wasser, Joghurt, Mehl, Kochstück und Salz in die Küchenmaschine geben. Mit dem Knethaken ca. 2 Minuten auf Stufe 1 mischen, anschließend 6–8 Minuten auf Stufe 2–3 kneten. Den Teig rund formen und in eine große, eingeölte Schüssel/Teigwanne legen.

3 Den Hauptteig 120 Minuten abgedeckt mit einem Geschirrtuch bei Raumtemperatur ruhen lassen. Nach 45 Minuten zum ersten Mal Dehnen + Falten (insgesamt zweimal), siehe Bild 1 und im Buchumschlag hinten. Nach dem ersten Dehnen + Falten 30 Minuten Ruhezeit, dann das zweite Mal Dehnen + Falten. Danach den Teig für die restlichen 45 Minuten wieder abgedeckt bei Raumtemperatur ruhen lassen.

AUFARBEITEN UND BACKEN

4 Nach der Teigruhe zwei gleich schwere Teiglinge à 508 g abwiegen, erst leicht rund, dann länglich formen (Bild 2 + 3).
Mit dem Schluss (der Naht) nach unten auf eine leicht bemehlte Arbeitsfläche legen. Die Oberfläche der Teiglinge mit einem Pinsel dünn mit Wasser bestreichen und in den Haferflocken wälzen. Mit dem Schluss nach unten auf das Backblech setzen und bei Raumtemperatur, abgedeckt mit einem Geschirrtuch, ca. 45–60 Minuten ruhen lassen (Stückgare). Weiter geht es auf Seite 36.

1
2
3

AUSSERDEM
Kochlöffel, Pinsel, 1 Backblech, mit Backpapier belegt, Teigspatel, Waage, Teigwanne, Pizzastein, Rosterhöhung oder Backsteine (Abstand Teigoberfläche zum Grilldeckel sollte 6–10 cm betragen), feuerfeste Schale für 200 ml Wasser

5 In der Zwischenzeit den Gasgrill auf 280 °C aufheizen, Pizzastein, Rosterhöhung und Wasserschale ohne Wasser mit erhitzen. Die Temperatur sollte mindestens 30 Minuten so hoch sein, damit Pizzastein und Deckel des Grills heiß genug werden.

6 Sobald sich das Volumen der Brote fast verdoppelt hat, die Brote mit einem scharfen Messer längs ca. ½ cm tief einschneiden (Bild 4), dann sofort mit dem Backblech auf den heißen Pizzastein des Gasgrills stellen. 200 ml Wasser in die feuerfeste Schale gießen und den Deckel des Grills zügig schließen. Die Temperatur sofort auf 220 °C senken, dafür den Brenner, der direkt unter dem Pizzastein ist, komplett ausmachen und die anderen Brenner herunterdrehen. Die Brote ca. 35–40 Minuten backen.

GARPROBE
Klopft man mit den Fingerknöcheln gegen die Unterseite des Brots, sollte es sich hohl anhören. Zum Abkühlen die Brote auf ein Kuchengitter stellen.

4

NAPOLEONS KÜRBISKERNBROT

NAPOLEONS KÜRBISKERNBROT

Dieses Brot bleibt durch das Kochstück sehr lange frisch, ist sehr bekömmlich und gesund. // **Ergibt 2 Brote à ca. 500 g.** // **Foto auf Seite 37**

KOCHSTÜCK

50 g Dinkelvollkornmehl
150 ml kochendes Wasser

HAUPTTEIG

100 g Kürbiskerne
18 g frische Hefe
200 ml Wasser, ca. 20–23 °C
350 g Dinkelmehl, Type 630
210 g Weizenschrot
200 g Kochstück
18 g Salz

OBERFLÄCHENMISCHUNG

100 g Kürbiskerne
50 g Sesam
75 g geriebener Käse

FÜR DIE VERARBEITUNG

Mehl

AM VORTAG

1 Das Mehl in einer Schüssel mit kochendem Wasser übergießen und mit einem Kochlöffel verrühren. Quellen lassen und abgedeckt mit einem Geschirrtuch über Nacht im Kühlschrank lagern.

AM BACKTAG

2 Die Kürbiskerne für den Hauptteig in einer Pfanne ohne Öl rösten. Sobald sie anfangen, braun zu werden, die Pfanne vom Herd nehmen und die Kerne abkühlen lassen.

3 Für den Hauptteig die Hefe ins Wasser bröseln und darin auflösen. Zuerst das Hefewasser, dann Mehl, Schrot, Kochstück und Salz in die Küchenmaschine geben und mit dem Knethaken ca. 2 Minuten auf Stufe 1 mischen, anschließend 8–10 Minuten auf Stufe 2 kneten. Dann die gerösteten Kürbiskerne zum Teig geben und auf Stufe 1 untermischen. Den Teig rund formen und in eine große, eingeölte Schüssel/Teigwanne legen.

4 Den Hauptteig 90 Minuten abgedeckt mit einem Geschirrtuch bei Raumtemperatur ruhen lassen. Nach 60 Minuten einmal Dehnen + Falten, siehe Bild 1 und im Buchumschlag hinten. Danach für die restlichen 30 Minuten wieder abgedeckt mit einem Geschirrtuch bei Raumtemperatur ruhen lassen.

AUFARBEITEN UND BACKEN

5 Nach der Teigruhe zwei gleich schwere Teiglinge abwiegen und zunächst leicht rund formen, anschließend länglich formen (Bild 2). Die Teiglinge mit dem Schluss (der Naht) nach unten auf eine leicht bemehlte Arbeitsfläche setzen. Die Oberfläche mit Wasser bestreichen und in der Oberflächenmischung wälzen. Die Teiglinge auf das Backblech setzen und abgedeckt mit einem Geschirrtuch bei Raumtemperatur ca. 30–40 Minuten ruhen lassen.

1

2

AUSSERDEM
Kochlöffel, Pinsel, 1 Backblech, mit Backpapier belegt, Teigspatel, Waage, Teigwanne, Pizzastein, Rosterhöhung oder Backsteine (Abstand Teigoberfläche zum Grilldeckel sollte 6–10 cm betragen), feuerfeste Schale für 200 ml Wasser

6 In der Zwischenzeit den Gasgrill auf 280 °C aufheizen, Pizzastein, Rosterhöhung und Wasserschale ohne Wasser mit erhitzen. Die Temperatur sollte mindestens 30 Minuten so hoch sein, damit Pizzastein und Deckel des Grills heiß genug werden.

7 Nach der Ruhezeit sollte sich das Volumen der Teiglinge fast verdoppelt haben. Die Teiglinge mit dem Backblech auf den heißen Pizzastein des Gasgrills stellen. 150 ml Wasser in die feuerfeste Schale gießen und den Deckel des Grills zügig schließen. Die Temperatur sofort auf 210 °C senken, dafür den Brenner, der direkt unter dem Pizzastein ist, komplett ausmachen und die anderen Brenner herunterdrehen. Die Backzeit beträgt ca. 45–50 Minuten.

GARPROBE
Nach Ende der Backzeit sollte die Kerntemperatur im Brot 95–98 °C erreicht haben, dann ist es perfekt gebacken. Zum Abkühlen die Brote auf ein Kuchengitter stellen.

SAUERTEIGBROT

Dieses knusprige Sauerteigbrot aus Dinkel und Roggen schmeckt wunderbar (mir am besten mit Butter und Schinken). // Ergibt 2 Brote à 500 g.

HAUPTTEIG

16 g frische Hefe
320 ml Wasser, 26 °C
160 g reifer Natursauerteig (bekommt man beim Bäcker)
350 g Dinkelmehl, Type 630
150 g Roggenmehl, Type 1150
15 g Salz

FÜR DIE VERARBEITUNG

Mehl

AM BACKTAG

1 Die Hefe ins Wasser bröseln und darin auflösen. Zuerst das Hefewasser, dann Sauerteig, die beiden Mehle und Salz in die Küchenmaschine geben und mit dem Knethaken ca. 2 Minuten auf Stufe 1 mischen, anschließend 6–8 Minuten auf Stufe 2 kneten. Den Teig rund formen, in eine große, eingeölte Schüssel/Teigwanne legen und 40 Minuten, abgedeckt mit einem Geschirrtuch, bei Raumtemperatur ruhen lassen.

AUFARBEITEN UND BACKEN

2 Nach der Teigruhe zwei Teiglinge à 500 g abwiegen und rund formen. Nach ca. 1 Minute die Teiglinge länglich rollen, ca. 25 cm lang. Die Gärkörbe mit etwas Mehl ausstäuben. Die Teiglinge mit der glatten Oberfläche in Mehl wälzen, mit der Mehlseite nach unten in den Gärkorb legen und bei Raumtemperatur, mit einem Geschirrtuch abgedeckt, ca. 40–45 Minuten ruhen lassen (Stückgare).

3 In der Zwischenzeit den Gasgrill auf 280 °C aufheizen, Pizzastein, Rosterhöhung und Wasserschale ohne Wasser mit erhitzen. Die Temperatur sollte mindestens 30 Minuten so hoch sein, damit Pizzastein und Deckel des Grills heiß genug werden.

4 Den Teigling aus dem Gärkorb auf den heißen Pizzastein kippen und zweimal mit einem scharfen Messer ca. 2 cm tief leicht von den Enden entfernt einschneiden. 150 ml Wasser in die feuerfeste Schale gießen, den Deckel des Grills zügig schließen und die Temperatur sofort auf 210 °C senken, dafür den Brenner, der direkt unter dem Pizzastein ist, komplett ausmachen und die anderen Brenner herunterdrehen. Nach 1 Minute den Deckel vorsichtig für ca. 3–5 Sekunden öffnen, damit der restliche Wasserdampf entweichen kann. Den Gasgrill wieder schließen und die Brote ca. 45–50 Minuten backen.

AUSSERDEM

2 Gärkörbe für je 500 g, Teigspatel, Waage, Teigwanne, Pizzastein, Rosterhöhung oder Backsteine (Abstand Teigoberfläche zum Grilldeckel sollte 6–10 cm betragen), feuerfeste Schale für 150 ml Wasser

GARPROBE

Klopft man mit den Fingerknöcheln gegen die Unterseite des Brots, sollte es sich hohl anhören. Zum Abkühlen die Brote auf ein Kuchengitter stellen.

CHAMPIGNONBROT

Zu einem bunten Salat empfehle ich das Champignonbrot. Je brauner die Champignons sind, desto nussiger und intensiver ist der Geschmack. // Ergibt 2 Brote à 560 g.

VORTEIG (FERMENTIERTER VORTEIG)

1 g frische Hefe
27 ml Wasser, ca. 20–23 °C
40 g Weizenmehl, Type 550

HAUPTTEIG

100 g braune Champignons
10 g Butter
250 ml trockener Weißwein
20 g frische Hefe
100 ml Wasser, ca. 20–23 °C
500 g Weizenmehl, Type 550
69 g Vorteig
50 g weiche Butter, in Stücken
20 g Salz

FÜR DIE VERARBEITUNG

Mehl

AM VORTAG

1 Die Hefe ins Wasser bröseln und auflösen, zum Mehl geben und alles klümpchenfrei in der Küchenmaschine verkneten. Den Teig in eine Plastikdose umfüllen und diese verschlossen ca. 1 Stunde bei Raumtemperatur stehen lassen. Über Nacht in den Kühlschrank stellen.

AM BACKTAG

2 Die Champignons putzen, halbieren und in einer Pfanne mit Butter dünsten. Mit 50 ml Weißwein ablöschen und einkochen lassen. Danach auskühlen lassen.

3 Die Hefe ins Wasser bröseln und darin auflösen. Zuerst das Hefewasser, dann 200 ml Wein, Mehl, Vorteig, Butter und Salz in die Küchenmaschine geben und mit dem Knethaken ca. 2 Minuten auf Stufe 1 mischen, anschließend 6–8 Minuten auf Stufe 2–3 kneten. Dann die Pilze zum Teig geben (Bild 1) und auf Stufe 1 untermischen. Den Teig rund formen und in eine große, eingeölte Schüssel/Teigwanne legen.

4 Den Hauptteig 120 Minuten, abgedeckt mit einem Geschirrtuch, bei Raumtemperatur ruhen lassen, nach jeweils 45 Minuten Dehnen + Falten (insgesamt zweimal), siehe im Buchumschlag hinten. Nach dem zweiten Dehnen + Falten den Teig für die restlichen 30 Minuten wieder abgedeckt bei Raumtemperatur ruhen lassen.

AUFARBEITEN UND BACKEN

5 Nach der Teigruhe zwei Teiglinge à 560 g abwiegen, erst leicht rund, dann oval formen. Anschließend mit dem Schluss (der Naht) nach unten auf das Backblech setzen und bei Raumtemperatur, mit einem Geschirrtuch abgedeckt, 45–60 Minuten ruhen lassen (Stückgare).

6 In der Zwischenzeit den Gasgrill auf 280 °C aufheizen, Pizzastein, Rosterhöhung und Wasserschale ohne Wasser mit erhitzen. Die Temperatur sollte mindestens 30 Minuten so hoch sein, damit Pizzastein und Deckel des Grills heiß genug werden.

7 Sobald sich das Volumen des Brotes fast verdoppelt hat, die Brote mit einem Pinsel mit Wasser bestreichen (Bild 2) und sofort mit dem Backblech auf den heißen Pizzastein stellen. 200 ml Wasser in die Wasserschale gießen und den Deckel des Grills zügig schließen. Die Temperatur sofort auf 220 °C senken, dafür den Brenner, der direkt unter dem Pizzastein ist, komplett ausmachen und die anderen Brenner herunterdrehen. Die Backzeit beträgt ca. 30–35 Minuten.

AUSSERDEM

Pinsel, 1 Backblech, mit Backpapier belegt, Teigspatel, Waage, Teigwanne, Pizzastein, Rosterhöhung oder Backsteine (Abstand Teigoberfläche zum Grilldeckel sollte 6–10 cm betragen), feuerfeste Schale für 200 ml Wasser

GARPROBE

Nach Ende der Backzeit sollte die Kerntemperatur im Brot 95–98 °C erreicht haben, dann ist es perfekt gebacken. Zum Abkühlen die Brote auf ein Kuchengitter stellen.

FEUERBÄCKERS CHILI-LAIB

Die leichte Schärfe der Chilis passt hervorragend zu Gemüsepfannen, Steaks und auch zur Currywurst. // **Ergibt 2 Brote ca. 600 g.** // **Foto auf Seite 46**

VORTEIG (POOLISH)

1 g frische Hefe
50 ml Wasser, ca. 20–23 °C
50 g Weizenmehl, Type 550

HAUPTTEIG

15 g frische Hefe
300 ml Wasser, ca. 20–23 °C
500 g Weizenmehl
101 g Vorteig
4 g Honig
50 ml Olivenöl
14 g Salz
80 g Feta, zerbröselt
150 g rote Chilis, Schärfe nach Belieben, klein geschnitten (Bild 1)

FÜR DIE VERARBEITUNG

Mehl

AM VORTAG

1 Die Hefe ins Wasser bröseln und auflösen, zum Mehl geben und alles klümpchenfrei mit einem Kochlöffel verrühren. In ein hohes Gefäß abfüllen und für ca. 1 Stunde bei Raumtemperatur, abgedeckt mit einem Geschirrtuch, stehen lassen, dann über Nacht, abgedeckt mit einem Geschirrtuch, in den Kühlschrank stellen.

AM BACKTAG

2 Die Hefe ins Wasser bröseln und darin auflösen. Zuerst das Hefewasser, dann Mehl, Vorteig und Honig in die Küchenmaschine geben und mit dem Knethaken ca. 2 Minuten auf Stufe 1 mischen, anschließend 10–12 Minuten auf Stufe 2 kneten, nach 6 Minuten das Olivenöl nach und nach zugeben, in den letzten 3 Minuten das Salz unterkneten. Zum Schluss Feta und Chilis zum Teig geben und schonend auf Stufe 1 untermischen. Den Teig rund formen und in eine große, eingeölte Schüssel/Teigwanne legen.

3 Den Hauptteig 150–180 Minuten, abgedeckt mit einem Geschirrtuch, bei Raumtemperatur ruhen lassen, nach jeweils 45–60 Minuten Dehnen + Falten (insgesamt zweimal), siehe im Buchumschlag hinten. Nach dem zweiten Dehnen + Falten den Teig für die restlichen 60 Minuten wieder abgedeckt bei Raumtemperatur ruhen lassen (Bild 2).

AUFARBEITEN UND BACKEN

4 Da dieser Teig etwas weicher ist, sollte er vorsichtig angefasst werden. Nach der Teigruhe den Teig auf eine leicht bemehlte Arbeitsfläche kippen, dabei den Teig vorsichtig anfassen, er sollte nicht zusammenfallen. Mit einem Teigschaber zwei Teigstücke à ca. 607 g abstechen. Die Teiglinge mit einem Sieb gleichmäßig dünn mit Weizenmehl bestäuben (Bild 3) und vorsichtig auf das Backblech ablegen. Für ca. 20 Minuten bei Raumtemperatur, mit einem Geschirrtuch abgedeckt, ruhen lassen (Stückgare).

AUSSERDEM
Teigschaber, möglichst aus Metall, feines Sieb, 1 Backblech, mit Backpapier belegt, Teigspatel, Waage, Teigwanne, Pizzastein, Rosterhöhung oder Backsteine (Abstand Teigoberfläche zum Grilldeckel sollte 6–10 cm betragen), feuerfeste Schale für 200 ml Wasser

5 In der Zwischenzeit den Gasgrill auf 300 °C aufheizen, Pizzastein, Rosterhöhung und Wasserschale ohne Wasser mit erhitzen. Die Temperatur sollte mindestens 30 Minuten so hoch sein, damit Pizzastein und Deckel des Grills heiß genug werden.

6 Die Teiglinge mit dem Backblech vorsichtig auf den heißen Pizzastein des Gasgrills stellen. 200 ml Wasser in die feuerfeste Schale gießen und den Deckel des Grills zügig schließen. Die Temperatur sofort auf 220 °C senken, dafür den Brenner, der direkt unter dem Pizzastein ist, komplett ausmachen und die anderen Brenner herunterdrehen. Die Teiglinge ca. 25–30 Minuten backen.

GARPROBE
Klopft man mit den Fingerknöcheln gegen die Unterseite des Brots, sollte es sich hohl anhören. Zum Abkühlen die Brote auf ein Kuchengitter stellen.

1

2

3

FEUERBÄCKERS CHILI-LAIB

KARTOFFEL-BIER-BROT

KARTOFFEL-BIER-BROT

Dieses leckere Brot passt hervorragend zu gegrilltem Geflügel und zu Gerichten aus dem Dutch Oven. // **Ergibt 2 Brote à 580 g.** // **Foto auf Seite 47**

VORTEIG (FERMENTIERTER VORTEIG)

1 g frische Hefe
27 ml Wasser, ca. 20–23 °C
40 g Weizenmehl, Type 550
1 g Salz

KARTOFFELSTAMPF

80 g Kartoffeln, geschält
70 g Butter
100 ml Milch
Muskatnuss

HAUPTTEIG

15 g Hefe
150 ml Wasser, ca. 20–23 °C
150 ml Dunkelbier, Zimmertemperatur
500 g Weizenmehl, Type 550
250 g Kartoffelstampf
69 g Vorteig
18 g Salz

BIERSTREICHE

60 ml Dunkelbier, Zimmertemperatur
1 g Hefe
30 g Roggenmehl

FÜR DIE VERARBEITUNG

Weizenmehl

AM VORTAG

1 Die Hefe ins Wasser bröseln und auflösen, zum Mehl geben und alles klümpchenfrei in der Küchenmaschine verkneten. Den Teig in eine Plastikdose umfüllen und diese verschlossen ca. 1 Stunde bei Raumtemperatur stehen lassen. Über Nacht in den Kühlschrank stellen.

2 Für den Kartoffelstampf die Kartoffeln weich kochen und mit einem Kartoffelstampfer grob zerdrücken. Butter, Milch und Muskatabrieb hinzugeben, alles vermengen und abkühlen lassen.

AM BACKTAG

3 Für den Hauptteig die Hefe ins Wasser bröseln und darin auflösen. Zuerst das Hefewasser, dann Bier, Mehl, Kartoffelstampf, Vorteig und Salz in die Küchenmaschine geben und mit dem Knethaken ca. 2 Minuten auf Stufe 1 mischen, anschließend 8–10 Minuten auf Stufe 2 kneten. Den Teig rund formen und in eine große, eingeölte Schüssel/Teigwanne legen.

4 Den Hauptteig 90 Minuten, abgedeckt mit einem Geschirrtuch, bei Raumtemperatur ruhen lassen, nach ca. 45 Minuten einmal Dehnen + Falten, siehe im Buchumschlag hinten. Danach die restlichen 45 Minuten wieder abgedeckt ruhen lassen.

5 Für die Bierstreiche alle Zutaten klümpchenfrei verrühren und bei Raumtemperatur stehen lassen.

AUFARBEITEN UND BACKEN

6 Nach der Teigruhe den Teig in 3 gleich schwere Teile abwiegen, diese leicht rund formen, dann zu leicht flachen Dreiecken drücken. Die drei Seiten jedes Dreiecks nach innen drücken (Bild 1) und mit dem Schluss (der Naht) nach unten auf das Backblech setzen. Die Bierstreiche mit einem Pinsel dünn aufstreichen und die Teiglinge mit Weizenmehl dünn bemehlen. Anschließend die

AUSSERDEM
Kartoffelstampfer, Plastikdose mit Deckel, Pinsel, Sieb, 1 Backblech, mit Backpapier belegt Teigspatel, Waage, Teigwanne, Pizzastein, Rosterhöhung oder Backsteine (Abstand Teigoberfläche zum Grilldeckel sollte 6–10 cm betragen), feuerfeste Schale für 150 ml Wasser

Teiglinge bei Raumtemperatur, mit einem Geschirrtuch abgedeckt, 30–45 Minuten ruhen lassen (Stückgare).

7 In der Zwischenzeit den Gasgrill auf 300 °C aufheizen, Pizzastein, Rosterhöhung und Wasserschale ohne Wasser mit erhitzen. Die Temperatur sollte mindestens 30 Minuten so hoch sein, damit Pizzastein und Deckel des Grills heiß genug werden.

8 Sobald eine grobe Rissbildung in der Kruste erkennbar ist, die Brote mit dem Backblech auf den heißen Pizzastein stellen. 150 ml Wasser in die feuerfeste Schale gießen und den Deckel des Grills zügig schließen und die Temperatur sofort auf 210 °C senken, dafür am besten den Brenner, der direkt unter dem Pizzastein ist, komplett ausmachen und die anderen Brenner herunterdrehen. Die Backzeit beträgt ca. 40–45 Minuten.

GARPROBE
Klopft man mit den Fingerknöcheln gegen die Unterseite des Brots, sollte es sich hohl anhören. Zum Abkühlen die Brote auf ein Kuchengitter stellen.

HOBBIES SCHINKENSTANGE

Diese Schinkenstangen sind ein idealer Snack auf der Grillparty: Mit Frischkäse oder Butter bestreichen und kurz auf dem Grill anrösten, köstlich! Sie geben aber auch jedem Salat einen besonderen Kick. // Ergibt 4 Brote à 550 g.

VORTEIG (FERMENTIERTER VORTEIG)

1 g frische Hefe
54 ml Wasser, ca. 20–23 °C
80 g Weizenmehl, Type 550

HAUPTTEIG

40 g frische Hefe
750 ml Wasser, ca. 20–23 °C
1000 g Weizenmehl, Type 550
100 g Roggenschrot fein
136 g Vorteig
25 g Salz
150 g Schinkenwürfel

ZUM BESTREUEN

60 g Sesam

AM VORTAG

1 Die Hefe ins Wasser bröseln und auflösen, zum Mehl geben und alles klümpchenfrei in der Küchenmaschine verkneten. Den Teig in eine Plastikdose umfüllen und diese verschlossen ca. 1 Stunde bei Raumtemperatur stehen lassen. Über Nacht in den Kühlschrank stellen.

AM BACKTAG

2 Für den Hauptteig die Hefe ins Wasser bröseln und darin auflösen. Zuerst das Hefewasser, dann Mehl, Roggenschrot, Vorteig und Salz in die Küchenmaschine geben und mit dem Knethaken ca. 2 Minuten auf Stufe 1 mischen, anschließend 8–10 Minuten auf Stufe 2 kneten. Dann die Schinkenwürfel zum Teig geben und auf Stufe 1 schonend untermischen. Den Teig rund formen, in eine große, eingeölte Schüssel/Teigwanne legen und 30–45 Minuten, abgedeckt mit einem Geschirrtuch, bei Raumtemperatur ruhen lassen.

AUFARBEITEN UND BACKEN

3 Nach der Teigruhe 4 gleich schwere Teiglinge abwiegen, rund formen, kurz ruhen lassen. Dann die Teiglinge zu Strängen von ca. 25 cm längs rollen. Die Oberfläche mit Wasser bestreichen. Den Sesam auf die Arbeitsfläche streuen und die Teiglinge darin wälzen (Bild 1). Die Teiglinge auf das Backblech legen und abgedeckt bei Raumtemperatur ca. 10 Minuten ruhen lassen. Die Oberfläche mit einem scharfen Messer 6–8 Mal quer einschneiden, anschließend bei Raumtemperatur, mit einem Geschirrtuch abgedeckt, ca. 35–45 Minuten ruhen lassen (Stückgare).

AUSSERDEM
Plastikdose mit Deckel, Pinsel, 1 Backblech, mit Backpapier belegt, Teigspatel, Waage, Teigwanne, Pizzastein, Rosterhöhung oder Backsteine(Abstand Teigoberfläche zum Grilldeckel sollte 6–10 cm betragen), feuerfeste Schale für 200 ml Wasser

4 In der Zwischenzeit den Gasgrill auf 280 °C aufheizen, Pizzastein, Rosterhöhung und Wasserschale ohne Wasser mit erhitzen. Die Temperatur sollte mindestens 30 Minuten so hoch sein, damit Pizzastein und Deckel des Grills heiß genug werden.

5 Die Teiglinge nach der Ruhephase mit dem Backblech auf den heißen Pizzastein stellen. 200 ml Wasser in die feuerfeste Schale gießen und den Deckel des Grills zügig schließen. Die Temperatur sofort auf 220 °C senken, dafür den Brenner, der direkt unter dem Pizzastein ist, komplett ausmachen und die anderen Brenner herunterdrehen. Die Teiglinge 30–35 Minuten backen.

GARPROBE
Nach Ende der Backzeit sollte die Kerntemperatur im Brot 95–98 °C erreicht haben, dann ist es perfekt gebacken. Zum Abkühlen die Brote auf ein Kuchengitter stellen.

KNOBLAUCH-KÄSEBROT

Diese Knoblauchbrot ist schön saftig in der Krume und passt zu allen Salaten und zu gegrilltem Gemüse. Besonders gern mag ich es zu einem Bier.
// Ergibt 2 Brote à ca. 600 g.

VORTEIG (POOLISH)

2 g frische Hefe
100 ml Wasser, ca. 20–23 °C
100 g Weizenmehl, Type 550

HAUPTTEIG

25 g frische Hefe
375 ml Wasser, ca. 20–23 °C
500 g Weizenmehl, Type 550
202 g Vorteig
5 g Honig
14 g Salz
75 g geriebener Käse, z. B. Cheddar
2 Knoblauchzehen, geschält und klein gehackt
3 Stiele glatte Petersilie, Blättchen abgezupft und klein gehackt
2 Stiele Thymian, Blättchen abgezupft

ZUM BESTREUEN

150 g geriebener Käse

FÜR DIE VERARBEITUNG

Mehl

AM VORTAG

1 Die Hefe ins Wasser bröseln und auflösen, zum Mehl geben und alles klümpchenfrei mit einem Kochlöffel verrühren. In ein hohes Gefäß abfüllen und für ca. 1 Stunde bei Raumtemperatur stehen lassen, dann über Nacht abgedeckt in den Kühlschrank stellen.

AM BACKTAG

2 Die Hefe ins Wasser bröseln und darin auflösen. Zuerst das Hefewasser, dann Mehl, Vorteig und Honig in die Küchenmaschine geben und mit dem Knethaken ca. 2 Minuten auf Stufe 1 mischen, anschließend 10–12 Minuten auf Stufe 2 kneten, in den letzten 3 Minuten das Salz unterkneten. Dann Käse, Knoblauch, Petersilie und Thymian zum Teig geben und auf Stufe 1 untermischen. Den Teig rund formen und in eine große, eingeölte Schüssel/Teigwanne legen.

3 Den Hauptteig 60 Minuten, abgedeckt mit einem Geschirrtuch, bei Raumtemperatur ruhen lassen. Nach ca. 45 Minuten einmal Dehnen + Falten, siehe im Buchumschlag hinten (sowie Bild 1). Danach noch die restlichen 15 Minuten abgedeckt bei Raumtemperatur ruhen lassen.

AUFARBEITEN UND BACKEN

4 Nach der Teigruhe den Teig in zwei gleich schwere Teile abwiegen. Die beiden Teiglinge leicht rund formen, mit dem Schluss (der Naht) nach unten auf eine leicht bemehlte Arbeitsfläche legen und ca. 3 Minuten ruhen lassen. Dann die Teiglinge mit den Händen ausbreiten (Bild 2), sodass sie jeweils in eine Gussform passen. Die Oberfläche dünn mit Wasser bestreichen, den geriebenen Käse darüberstreuen und bei Raumtemperatur, mit einem Geschirrtuch abgedeckt, 45–60 Minuten ruhen lassen, bis sich das Volumen fast verdoppelt hat (Stückgare).

5 In der Zwischenzeit den Gasgrill auf 280 °C aufheizen, Pizzastein, Rosterhöhung und Wasserschale ohne Wasser mit erhitzen. Die Temperatur sollte mindestens 30 Minuten so hoch sein, damit Pizzastein und Deckel des Grills heiß genug werden.

6 Die erste Gussform auf den heißen Pizzastein des Gasgrills stellen. 200 ml Wasser in die feuerfeste Schale gießen und den Deckel des Grills zügig schließen. Die Temperatur sofort auf 220 °C senken, dafür den Brenner, der direkt unter dem Pizzastein ist, komplett ausmachen und die anderen Brenner herunterdrehen. Die Backzeit beträgt ca. 20–25 Minuten. Mit der zweiten Pfanne ebenso verfahren.

AUSSERDEM

2 gusseiserne Formen, ca. 20 cm Ø, mit Olivenöl eingefettet, Pinsel, Teigspatel, Waage, Teigwanne, Pizzastein, Rosterhöhung oder Backsteine (Abstand Teigoberfläche zum Grilldeckel sollte 6–10 cm betragen), feuerfeste Schale für 200 ml Wasser

GARPROBE

Nach Ende der Backzeit sollte die Kerntemperatur im Brot 95–98 °C erreicht haben, dann ist es perfekt gebacken. Zum Abkühlen die Brote auf ein Kuchengitter stellen.

GEWÜRZTE SANDWICHSTANGE

Diese Brot passt zu würzigen, zarten Steaks. Mit cremigem Käse und frischer Paprika ist es ein Genuss. // Ergibt 2 Brote à ca. 525 g.

KNOBLAUCHBUTTER

1 frische Knoblauchknolle
100 g weiche Butter

HAUPTTEIG

30 g frische Hefe
190 ml Wasser, ca. 20–23 °C
100 ml Milch, lauwarm, ca. 22 °C
1 Ei, Größe M
500 g Weizenmehl, Type 550
15 g Salz
50 g Zucker
100 g Knoblauchbutter
2 g Kurkuma
50 g Cheddar, gerieben

OBERFLÄCHENMISCHUNG

25 g Sesam
50 g Sonnenblumenkerne
25 g Mohn
50 g Cheddar, gerieben

FÜR DIE VERARBEITUNG

Mehl

AM BACKTAG

1 Die Knoblauchknolle bei ca. 140 °C im Grill ca. 1,5 Stunden langsam grillen, bis sie weich ist. Vom Grill nehmen und am unteren Ende abschneiden. Nun die weichen Knoblauchzehen herausdrücken und direkt mit der Butter vermengen.

2 Für den Hauptteig die Hefe ins Wasser bröseln und darin auflösen. Zuerst das Hefewasser, dann Milch, Ei, Mehl, Salz, Zucker, Knoblauchbutter, Kurkuma und Cheddar in die Küchenmaschine geben und mit dem Knethaken ca. 2 Minuten auf Stufe 1 mischen, anschließend 8–10 Minuten auf Stufe 2–3 kneten. Den Teig rund formen, dann 45 Minuten, abgedeckt mit einem Geschirrtuch, bei Raumtemperatur ruhen lassen.

3 In der Zwischenzeit die Zutaten für die Oberflächenmischung miteinander mischen.

AUFARBEITEN UND BACKEN

4 Den Teig nach der Teigruhe noch einmal kurz mit den Händen durchkneten, in zwei gleich schwere Teile abwiegen, rund formen und ca. 1 Minute abgedeckt entspannen lassen. Beide Teiglinge längs auf eine Länge von ca. 25 cm rollen (Bild 1). Die Die Oberfläche mit Wasser bestreichen und in der Oberflächenmischung wälzen. Mit dem Schluss (der Naht) nach unten auf das Backblech legen und für 35–45 Minuten bei Raumtemperatur, mit einem Geschirrtuch abgedeckt, ruhen lassen (Stückgare).

5 In der Zwischenzeit den Gasgrill auf 280 °C aufheizen, Pizzastein, Rosterhöhung und Wasserschale ohne Wasser mit erhitzen. Die Temperatur sollte mindestens 30 Minuten so hoch sein, damit Pizzastein und Deckel des Grills heiß genug werden.

AUSSERDEM
Pinsel, 1 Backblech, mit Backpapier belegt, Teigspatel, Waage, Pinsel, Teigwanne, Pizzastein, Rosterhöhung oder Backsteine (Abstand Teigoberfläche zum Grilldeckel sollte 6–10 cm betragen), feuerfeste Schale für 200 ml Wasser

6 Die Teiglinge nach der Ruhezeit mit dem Backblech auf den heißen Pizzastein stellen. 200 ml Wasser in die feuerfeste Schale gießen und den Deckel des Grills zügig schließen. Die Temperatur sofort auf 220 °C senken, dafür den Brenner, der direkt unter dem Pizzastein ist, komplett ausmachen und die anderen Brenner herunterdrehen. Die Backzeit beträgt ca. 30–35 Minuten.

GARPROBE
Nach Ende der Backzeit sollte die Kerntemperatur im Brot 95–98 °C erreicht haben, dann ist es perfekt gebacken. Zum Abkühlen die Brote auf ein Kuchengitter stellen.

SÜSSKARTOFFELSTANGE

Fluffig in der Krume und leicht knusprig in der Kruste passt diese Stange zu allem, was vom Grill kommt. Oder einfach mit einer Scheibe Wurst darauf.
// Ergibt 2 Brote à 500 g. **// Foto auf Seite 58**

SÜSSKARTOFFELSTAMPF
160 g Süßkartoffeln
Muskatnuss

HAUPTTEIG
20 g frische Hefe
250 ml Wasser, ca. 20–23 °C
160 g Süßkartoffelstampf
50 g weiche Butter, in Stücken
500 g Weizenmehl, Type 550
20 g Salz

FÜR DIE VERARBEITUNG
Kartoffelflocken (Internet und Bioladen)

AM BACKTAG
1 Für den Stampf die Süßkartoffeln weich kochen, mit einem Kartoffelstampfer grob zerdrücken, Muskatnussabrieb hinzugeben und vermengen, auskühlen lassen.

2 Für den Hauptteig die Hefe ins Wasser bröseln und darin auflösen. Zuerst das Hefewasser, dann Stampf, Butter, Mehl und Salz in die Küchenmaschine geben und mit dem Knethaken ca. 2 Minuten auf Stufe 1 mischen, anschließend 8–10 Minuten auf Stufe 2 kneten. Den Teig rund formen und in eine große, eingeölte Schüssel/Teigwanne legen.

3 Den Hauptteig 45 Minuten, abgedeckt mit einem Geschirrtuch, bei Raumtemperatur ruhen lassen, nach ca. 30 Minuten mit den Händen einmal durchkneten, wieder rund formen, in die Schüssel/Teigwanne zurücklegen und für weitere 15 Minuten abgedeckt ruhen lassen.

AUFARBEITEN UND BACKEN
4 Nach der Teigruhe den Teig in zwei gleich schwere Teile abwiegen, leicht rund formen und kurz ruhen lassen. Die Brote längs rollen, ca. 25 cm lang (Bild 1), in Kartoffelflocken wälzen und mit dem Schluss (der Naht) nach oben in die Gärkörbe legen (Bild 2). Bei Raumtemperatur, mit einem Geschirrtuch abgedeckt, ca. 35–45 Minuten ruhen lassen (Stückgare).

5 In der Zwischenzeit den Gasgrill auf 280 °C aufheizen, Pizzastein, Rosterhöhung und Wasserschale ohne Wasser mit erhitzen. Die Temperatur sollte mindestens 30 Minuten so hoch sein, damit Pizzastein und Deckel des Grills heiß genug werden.

AUSSERDEM
Kartoffelstampfer, 2 längliche Gärkörbe für je ca. 500 g, eingefettetes Backblech, Teigspatel, Waage, Teigwanne, Pizzastein, Rosterhöhung oder Backsteine (Abstand Teigoberfläche zum Grilldeckel sollte 6–10 cm betragen), feuerfeste Schale für 150 ml Wasser

6 Die Teiglinge aus den Gärkörben auf das eingefettete Backblech setzen und das Backblech auf den heißen Pizzastein stellen. 150 ml Wasser in die feuerfeste Schale gießen und den Deckel des Grills zügig schließen. Die Temperatur sofort auf 210 °C senken, dafür den Brenner, der direkt unter dem Pizzastein ist, komplett ausmachen und die anderen Brenner herunterdrehen. Die Backzeit beträgt ca. 35–40 Minuten.

GARPROBE
Nach Ende der Backzeit sollte die Kerntemperatur im Brot 95–98 °C erreicht haben, dann ist es perfekt gebacken. Zum Abkühlen die Brote auf ein Kuchengitter stellen.

1

2

SÜSSKARTOFFELSTANGE

LOHMANNS GOLDIGES

Das Bepinseln der Brote mit Wasser ergibt einen noch schöneren Glanz auf der Kruste. Dieses leicht süße Brot passt perfekt zum Frühstück, aber auch, mit Marmelade bestrichen, zum Nachmittagskaffee. Und wer genauso verrückt ist wie ich, der bestreicht eine Scheibe mit Butter, röstet sie noch einmal auf dem Grill und isst sie zum Steak.

// Ergibt 2 Brote à ca. 700 g. // Foto auf Seite 59

KOCHSTÜCK

75 g Dinkelvollkornmehl
225 ml kochendes Wasser

HAUPTTEIG

75 g Mandelstifte
50 ml Wasser
25 g frische Hefe
100 ml Milch, leicht erwärmt, max. 26 °C
500 g Dinkelmehl, Type 630
300 g Kochstück
100 g weiche Butter, in Stücken
200 g Magerquark
1 Eigelb, Größe M
75 g Zucker
18 g Salz
Schalenabrieb von ½ Bio-Zitrone

FÜR DIE VERARBEITUNG

Mehl

AM VORTAG

1 Das Mehl in eine Schüssel geben, kochendes Wasser zugießen und mit einem Kochlöffel verrühren. Quellen lassen und abgedeckt mit einem Geschirrtuch über Nacht im Kühlschrank lagern.

AM BACKTAG

2 Die Mandelstifte in einer Pfanne ohne Öl anrösten. Sobald sie anfangen braun zu werden, mit 50 ml Wasser ablöschen und auskühlen lassen.

3 Die Hefe in die Milch bröseln und darin auflösen. Zuerst die Hefemilch, dann Mehl, Kochstück, Butter, Quark, Eigelb, Zucker, Salz und Zitronenabrieb in die Küchenmaschine geben und mit dem Knethaken ca. 2 Minuten auf Stufe 1 mischen, anschließend 8–10 Minuten auf Stufe 3 kneten. Dann die Mandelstifte auf Stufe 1 unter den Teig mischen. Den Teig rund formen, in eine große, eingeölte Schüssel/Teigwanne geben und mindestens 45 Minuten, abgedeckt mit einem Geschirrtuch, bei Raumtemperatur ruhen lassen.

AUFARBEITEN UND BACKEN

4 Den Teig in zwei gleich schwere Teiglinge abwiegen, diese rund formen und 1 Minute entspannen (ruhen) lassen. Dann länglich formen, ca. 20 cm lang (Bild 1). Die Teiglinge mit dem Schluss (der Naht) nach unten in die Kastenform legen. Bei Raumtemperatur für ca. 35–40 Minuten, abgedeckt mit einem Geschirrtuch, ruhen lassen (Stückgare). Nach ca. 25–30 Minuten die Teiglinge mit einem scharfen Messer ca. 2 cm tief längs einschneiden (Bild 2).

AUSSERDEM

2 Kastenformen aus Metall für je ca. 750 g, eingefettet, Teigspatel, Waage, Teigwanne, Pizzastein, Rosterhöhung oder Backsteine (Abstand Teigoberfläche zum Grilldeckel sollte 6–10 cm betragen), feuerfeste Schale für 150 ml Wasser

5 In der Zwischenzeit den Gasgrill auf 260 °C aufheizen, Pizzastein, Rosterhöhung und Wasserschale ohne Wasser mit erhitzen. Die Temperatur sollte mindestens 30 Minuten so hoch sein, damit Pizzastein und Deckel des Grills heiß genug werden.

6 Die Kastenformen auf den Pizzastein des Gasgrills stellen. 150 ml Wasser in die feuerfeste Schale gießen und den Deckel des Grills zügig schließen. Die Temperatur sofort auf 210 °C senken, dafür den Brenner, der direkt unter dem Pizzastein ist, komplett ausmachen und die anderen Brenner herunterdrehen. Die Backzeitbeträgt ca. 25–35 Minuten.

GARPROBE

Nach Ende der Backzeit sollte die Kerntemperatur im Brot 95–98 °C erreicht haben, dann ist es perfekt gebacken. Zum Abkühlen die Brote auf ein Kuchengitter stellen.

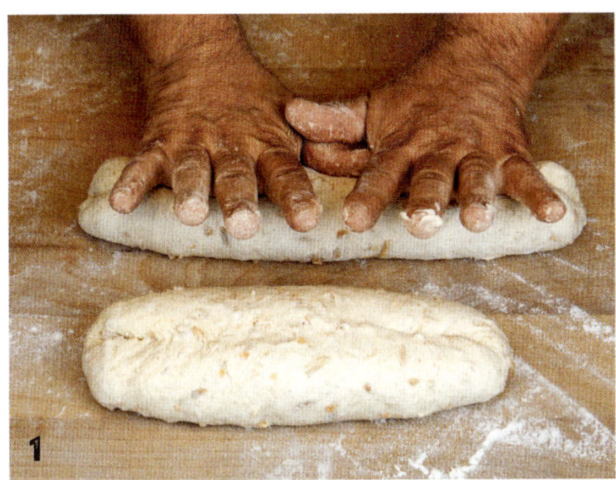
1

2

APRIKOSEN-SCHOKOLADENBROT

Probieren Sie dieses Brot auch mal mit Ihren Lieblingstrockenfrüchten oder mit einer Fruchtmischung. Es ist ein herrliches Brot für ein Sonntagsfrühstück.
// Ergibt 2 Brote 700 g.

VORTEIG (FERMENTIERTER VORTEIG)

1 g frische Hefe
85 ml Wasser, ca. 20–23 °C
125 g Weizenmehl, Type 550
1 g Salz

HAUPTTEIG

20 g frische Hefe
300 ml Wasser, ca. 20–23 °C
500 g Weizenmehl, Type 550
212 g Vorteig
4 g Honig
16 g Salz
200 g getrocknete Aprikosen, klein gehackt
150 g Schokodrops, zum Beispiel von Rock`n Rubs

EISTREICHE

1 Ei
30 ml Milch
1 g Salz

FÜR DIE VERARBEITUNG

Mehl

AM VORTAG

1 Die Hefe ins Wasser bröseln und auflösen, zum Mehl geben und alles klümpchenfrei in der Küchenmaschine verkneten. Den Teig in eine Plastikdose umfüllen und diese verschlossen ca. 1 Stunde bei Raumtemperatur stehen lassen. Über Nacht in den Kühlschrank stellen.

AM BACKTAG

2 Die Hefe ins Wasser bröseln und darin auflösen. Zuerst das Hefewasser, dann Mehl, Vorteig, Honig und Salz in die Küchenmaschine geben und mit dem Knethaken ca. 2 Minuten auf Stufe 1 mischen, anschließend 7–9 Minuten auf Stufe 2–3 kneten. Dann Aprikosen und Schokodrops zum Teig geben und auf Stufe 1 vorsichtig untermischen. Den Teig rund formen und in eine große, eingeölte Schüssel/Teigwanne geben.

3 Den Hauptteig 75 Minuten, abgedeckt mit einem Geschirrtuch, bei Raumtemperatur stehen lassen, nach 45 Minuten einmal Dehnen + Falten, siehe im Buchumschlag hinten. Danach die restlichen 30 Minuten wieder abgedeckt bei Raumtemperatur ruhen lassen.

4 In der Zwischenzeit alle Zutaten für die Eistreiche miteinander mit dem Schneebesen verquirlen.

AUFARBEITEN UND BACKEN

5 Nach der Teigruhe zwei gleich schwere Teiglinge abwiegen, leicht rund formen, dann länglich rollen (Bild 1). Die Teiglinge mit dem Schluss (der Naht) nach unten in die mit Backpapier ausgelegten Formen legen. Die Oberflächen einmal dünn mit Eistreiche bepinseln (Bild 2). Mit einem Geschirrtuch abgedeckt 45–60 Minuten bei Raumtemperatur ruhen lassen (Stückgare).

AUSSERDEM

2 Kastenformen für ca. 700 g, mit Backpapier ausgelegt, Pinsel, Teigspatel, Waage, Teigwanne, Pizzastein, Rosterhöhung oder Backsteine (Abstand Teigoberfläche zum Grilldeckel sollte 6–10 cm betragen), feuerfeste Schale für 150 ml Wasser

6 In der Zwischenzeit den Gasgrill auf 270 °C aufheizen, Pizzastein, Rosterhöhung und Wasserschale ohne Wasser mit erhitzen. Die Temperatur sollte mindestens 30 Minuten so hoch sein, damit Pizzastein und Deckel des Grills heiß genug werden.

7 Die Teiglinge sollten nach der Ruhezeit bis ca. 2 cm unter den Rand der Backform aufgegangen sein. Noch einmal mit Eistreiche bepinseln und in der Form direkt auf den heißen Pizzastein stellen. 150 ml Wasser in die feuerfeste Schale gießen und den Deckel des Grills zügig schließen. Die Temperatur sofort auf 220 °C senken, dafür den Brenner, der direkt unter dem Pizzastein ist, komplett ausmachen und die anderen Brenner herunterdrehen. Die Brote ca. 35–40 Minuten backen.

GARPROBE

Nach Ende der Backzeit sollte die Kerntemperatur im Brot 95–98 °C erreicht haben, dann ist es perfekt gebacken. Zum Abkühlen die Brote auf ein Kuchengitter stellen.

1

2

DINKELBUTTERZOPF

Der Dinkelzopf, mit Butter und/oder Marmelade, passt perfekt zum Frühstück, aber auch zum Nachmittagskaffee. Aber probieren Sie ihn auch mal mit Leberwurst oder Schinken … sehr lecker! // Ergibt 2 Brote à ca. 450 g.

HAUPTTEIG

28 g frische Hefe
250 ml Milch, lauwarm, ca. 22 °C
1 Ei, Größe M
7 g Honig
500 g Dinkelmehl, Type 630
30 g Zucker
100 g weiche Butter, in Stücken
18 g Salz

EISTREICHE

1 Ei
30 ml Milch
1 g Salz

FÜR DIE VERARBEITUNG

Mehl

AM BACKTAG

1 Für den Hauptteig die Hefe in die Milch bröseln und darin auflösen. Zuerst die Hefemilch, dann Ei, Honig, Mehl, Zucker und Salz in die Küchenmaschine geben und mit dem Knethaken ca. 2 Minuten auf Stufe 1 mischen, anschließend 8–10 Minuten auf Stufe 3 kneten, nach ca. 4 Minuten die Butter zugeben. Den Teig rund formen, in eine große, eingeölte Schüssel/Teigwanne legen und 30–45 Minuten, abgedeckt mit einem Geschirrtuch, bei Raumtemperatur ruhen lassen.

AUFARBEITEN UND BACKEN

2 Nach der Teigruhe zwei gleich schwere Teiglinge abwiegen, leicht rund formen und kurz entspannen (ruhen) lassen. Die Teigstücke von Hand zunächst auf eine Länge von ca. 10–15 cm Länge rollen. Dann, immer wieder von der Mitte nach außen arbeitend, die beiden Stränge zu einer Länge von ca. 60 cm mit gleichmäßiger Dicke ausrollen.

3 Die beiden Stränge kreuzweise übereinander legen. Dann das obere Ende des unteren Stranges über den oberen Strang nach unten legen und das untere Ende des unteren Stranges über den oberen Strang nach oben legen. So weiterfahren, bis der ganze Zopf geflochten ist (siehe Grafik und Bild 1). Am Schluss die Enden gut zusammendrücken. Den Zopf auf das Backblech setzen.

4 Für die Eistreiche alle Zutaten mit dem Schneebesen verquirlen.

5 Die Zöpfe dünn mit Eistreiche bepinseln, anschließend bei Raumtemperatur, abgedeckt mit einem Geschirrtuch, 50–60 Minuten ruhen lassen (Stückgare).

6 In der Zwischenzeit den Gasgrill auf 260 °C aufheizen, Pizzastein, Rosterhöhung und Wasserschale ohne Wasser mit erhitzen.

AUSSERDEM
1 Backblech, mit Backpapier belegt, Pinsel, Teigspatel, Waage, Teigwanne, Pizzastein, Rosterhöhung oder Backsteine (Abstand Teigoberfläche zum Grilldeckel sollte 6–10 cm betragen), feuerfeste Schale für 150 ml Wasser

Die Temperatur sollte mindestens 30 Minuten so hoch sein, damit Pizzastein und Deckel des Grills heiß genug werden.

7 Die Zöpfe noch einmal dünn mit Eistreiche bepinseln, dann mit dem Backblech auf den heißen Pizzastein stellen. 150 ml Wasser in die feuerfeste Schale gießen und den Deckel des Grills zügig schließen. Die Temperatur sofort auf 200 °C senken, dafür den Brenner, der direkt unter dem Pizzastein ist, komplett ausmachen und die anderen Brenner herunterdrehen. Die Backzeit beträgt ca. 35–40 Minuten.

GARPROBE
Nach Ende der Backzeit sollte die Kerntemperatur im Brot 95–98 °C erreicht haben, dann ist es perfekt gebacken. Zum Abkühlen die Brote auf ein Kuchengitter stellen.

MANDELBROT

Wer mag, kann auch noch in Rum getränkte Rosinen in den Teig geben. Mein Tipp: Lassen sie die Rosinen 24 Stunden im Rum liegen, Sie werden den Unterschied merken. // Ergibt 2 Brote à ca. 750 g. // **Foto auf Seite 68**

VORTEIG (FERMENTIERTER VORTEIG)

10 g frische Hefe
80 ml Wasser, ca. 20–23 °C
150 g Weizenmehl, Type 550
7 g Salz

HAUPTTEIG

150 g ganze Mandeln mit Haut
150 g Mandelstifte
100 ml Wasser
20 g frische Hefe
150 ml Milch, lauwarm, ca. 22 °C
2 Eier, Größe M
500 g Weizenmehl, Type 550
247 g Vorteig
75 g weiche Butter, in Stücken
60 g Zucker
13 g Salz
Schalenabrieb von ½ Bio-Zitrone

ZUM BESTREUEN

150 g gehackte Mandeln oder Mandelblättchen

AM BACKTAG

1 Die Hefe ins Wasser bröseln und auflösen, zum Mehl geben und mit dem Salz klümpchenfrei in der Küchenmaschine mit den Knethaken 2 Minuten auf Stufe 1 mischen, dann 5 Minuten auf Stufe 2–3 kneten. 40–50 Minuten, abgedeckt mit einem Geschirrtuch, bei Raumtemperatur ruhen lassen.

2 Mandeln und Mandelstifte in einer Pfanne ohne Fett kurz anrösten. Sobald sie braun werden, mit ca. 100 ml Wasser ablöschen und abkühlen lassen.

3 Die Hefe in die Milch bröseln und darin auflösen. Zuerst die Hefemilch, dann Eier, Mehl, Vorteig, Butter, Zucker, Salz und Schalenabrieb in die Küchenmaschine geben. Mit dem Knethaken ca. 2 Minuten auf Stufe 1 mischen, anschließend 8–10 Minuten auf Stufe 2–3 kneten. Dann die Mandeln zum Teig geben und vorsichtig auf Stufe 1 untermischen (Bild 1). Den Teig rund formen, in eine große, eingeölte Schüssel/Teigwanne legen und mindestens 30 Minuten, abgedeckt mit einem Geschirrtuch, bei Raumtemperatur ruhen lassen.

AUFARBEITEN UND BACKEN

4 Nach der Teigruhe zwei gleich schwere Teiglinge abwiegen und rund formen. Die Oberfläche mit Wasser bestreichen und mit gehackten Mandeln oder Mandelblättchen bestreuen (Bild 2). Mit dem Schluss (der Naht) nach unten auf das Backblech setzen und bei Raumtemperatur, mit einem Geschirrtuch abgedeckt, ca. 35–45 Minuten ruhen lassen (Stückgare).

5 In der Zwischenzeit den Gasgrill auf 270 °C aufheizen, Pizzastein, Rosterhöhung und Wasserschale ohne Wasser mit erhitzen. Die Temperatur sollte mindestens 30 Minuten so hoch sein, damit Pizzastein und Deckel des Grills heiß genug werden.

AUSSERDEM
Pinsel, 1 Backblech, mit Backpapier belegt, Teigspatel, Waage, Teigwanne, Pizzastein, Rosterhöhung oder Backsteine (Abstand Teigoberfläche zum Grilldeckel sollte 6–10 cm betragen), feuerfeste Schale für 150 ml Wasser

6 Das Backblech nach der Ruhezeit auf den Pizzastein stellen, 150 ml Wasser in die feuerfeste Schale gießen und den Deckel des Grills zügig schließen und die Temperatur sofort auf 210 °C senken, dafür den Brenner, der direkt unter dem Pizzastein ist, komplett ausmachen und die anderen Brenner herunterdrehen. Die Backzeit beträgt ca. 30–35 Minuten.

GARPROBE
Nach Ende der Backzeit sollte die Kerntemperatur im Brot 95–98 °C erreicht haben, dann ist es perfekt gebacken. Zum Abkühlen die Brote auf ein Kuchengitter stellen.

1

2

MANDELBROT

SÜSSBROT

Das perfekte Frühstücksbrot, köstlich mit Marmelade oder auch nur mit Butter.
// Ergibt 1 Brot à ca. 900 g. // **Foto auf Seite 69**

HAUPTTEIG
25 g frische Hefe
100 ml Wasser, ca. 20–23 °C
150 ml Milch, lauwarm, ca. 22 °C
40 g weiche Butter, in Stücken
1 Eigelb, Größe M
500 g Weizenmehl, Type 550
15 g Salz
40 g Zucker

EISTREICHE
1 Ei
50 ml Milch
1 g Salz

AM BACKTAG
1 Die Hefe ins Wasser bröseln und darin auflösen. Zuerst das Hefewasser, dann Milch, Butter, Eigelb, Mehl, Salz und Zucker in die Küchenmaschine geben und mit dem Knethaken ca. 2 Minuten auf Stufe 1 mischen, anschließend 8–10 Minuten auf Stufe 3 kneten. Den Teig rund formen, in eine große, eingeölte Schüssel/Teigwanne legen und mindestens 30 Minuten, abgedeckt mit einem Geschirrtuch, bei Raumtemperatur ruhen lassen.

2 In der Zwischenzeit alle Zutaten für die Eistreiche mit dem Schneebesen verquirlen.

AUFARBEITEN UND BACKEN
3 Nach der Teigruhe den Teig noch einmal rund formen (Bild 1) und 1 Minute entspannen (ruhen) lassen. Anschließend länglich formen, ca. 25 cm lang. Den Teig mit dem Schluss (der Naht) nach unten auf das Backblech legen und gleichmäßig dünn mit der Eistreiche bestreichen. Bei Raumtemperatur und mit einem Geschirrtuch abgedeckt ca. 35–45 Minuten ruhen lassen (Stückgare). Nach ca. 25–35 Minuten (ca. 3/4 der Stückgare) den Teig noch einmal dünn mit der Eistreiche bepinseln und mit einem scharfen Messer seitlich rechts und links ca. ½ cm tief einschneiden (Bild 2).

4 In der Zwischenzeit den Gasgrill auf 260 °C aufheizen, Pizzastein, Rosterhöhung und Wasserschale ohne Wasser mit erhitzen. Die Temperatur sollte mindestens 30 Minuten so hoch sein, damit Pizzastein und Deckel des Grills heiß genug werden.

AUSSERDEM
1 Backblech, mit Backpapier belegt, Pinsel, Teigspatel, Waage, Teigwanne, Pizzastein, Rosterhöhung oder Backsteine (Abstand Teigoberfläche zum Grilldeckel sollte 6–10 cm betragen), feuerfeste Schale für 150 ml Wasser

5 Nach der Stückgare das Backblech auf den Pizzastein stellen, 150 ml Wasser in die feuerfeste Schale gießen und den Deckel des Grills zügig schließen. Die Temperatur sofort auf 220 °C senken, dafür den Brenner, der direkt unter dem Pizzastein ist, komplett ausmachen und die anderen Brenner herunterdrehen. Die Backzeit beträgt ca. 30–35 Minuten.

GARPROBE
Nach Ende der Backzeit sollte die Kerntemperatur im Brot 95–98 °C erreicht haben, dann ist es perfekt gebacken. Zum Abkühlen das Brot auf ein Kuchengitter stellen.

1

2

BÄCKERWISSEN, KURZ ERKLÄRT

Vorteige, Sauerteig, Koch- und Quellstück

	Besonderheit	Aufgabe	sorgt unter anderem für	verwendet für	
POOLISH	Mehl-Wasser-Verhältnis 1:1, enthält kein Salz	stützt den Kleber im Hauptteig	rösche Kruste, charakteristische Geschmacksnote längere Frischhaltung	weiche Weizenteige	
FERMENTIERTER VORTEIG	enthält Salz, höherer Hefeanteil als im Poolish	Hefemenge im Hauptteig kann reduziert werden, was eine Geschmacksverbesserung bedeutet	gleichmäßig gebräunte Kruste kräftige Aromen elastische Krume	schwere Teige mit Eiern oder Fett	
SAUERTEIG	liefert Säure durch Milch- und Essigsäurebakterien	macht Roggenteige backfähig	längere Haltbarkeit, angenehmen Geschmack bessere Verdaulichkeit, feine Krume, rösche Kruste	Roggen- und Roggenmischbrote	**Mein Tipp:** Holen Sie sich Sauerteig vom Bäcker – hier erhalten Sie ganz sicher die Sauerteigkulturen in einem ausgewogenen Verhältnis.
KOCHSTÜCK	ohne Hefe und Mikroorganismen, kochendes Wasser	Quellung der Stärke, ermöglicht höhere Wasserzugabe im Hauptteig	elastische saftig, fluffige Krume bessere Haltbarkeit	Vollkornmehle	
QUELLSTÜCK	ohne Hefe und Mikroorganismen, kaltes Wasser	Körner werden weicher, nehmen nicht das Wasser aus dem Teig	angenehmen Biss von Körnern und Saaten im Brot, schmackhafte und saftige Krume	Saaten- und Körnerbrote	

Fachbegriffe

BESCHWADEN	Wasserdampf ist eine wichtige Zutat beim Backen. Sobald der Teig im Grill ist, wird daher Wasser in die heiße Wasserschale gegeben. So erzielt man ein besseres Brotvolumen und eine knusprige Kruste.
DURCH-STOSSEN UND ZUSTOSSEN	Nach der Teigruhe wird der Teig durchgestoßen, um Gärgase zu entfernen: Auf der bemehlten Arbeitsfläche wird der Teig mit beiden Händen kurz und kräftig durchgeknetet. Beim Zustoßen werden die Handinnenflächen seitlich auf dem Teig gelegt, Handkante und kleiner Finger berühren dabei die Arbeitsfläche. Durch das Drücken mit den Handballen nach vorne und dem Zurückholen des Teiges mit leicht gekrümmten Fingern wird der Teig zunehmend gestrafft und geglättet, bis die Oberfläche schön glatt ist.
KLEBERGERÜST	Das Teiggerüst wird durch das im Mehl vorhandene Klebereiweiß Gluten gebildet. Wenn Mehl mit Wasser verknetet werden, verändert sich das Gluten, es klebt aneinander und bildet ein Gerüst. Das ist der Grund dafür, dass Teig gezogen werden kann. Zudem halten sich im Gerüst die durch Hefen und Bakterien entstehenden Gase im Teig. Gase und Luft sorgen dafür, dass der Teig an Volumen zunimmt.
KNETEN	Man kann Brote auch mit der Hand kneten, besser geht es aber mit einer Küchenmaschine mit Knethaken. Das Kneten verbindet die Zutaten und ist für den Aufbau des Klebergerüstes notwendig. Weizenteige werden intensiver, Roggenteige eher schonend geknetet.
KRUME	Das Innere des Brotes
KRUSTE	Der äußere Rand des Brotes
RUND FORMEN, RUND WIRKEN	Mit der aktiven Hand: Mit dem Handballen wird der Teig nach vorne gedrückt, mit dem gekrümmten Fingern zurückgeholt. Die zweite Hand sorgt dafür, dass der Teig nicht wegrollt.
SALZZUGABE	Jeder Teig braucht Salz. Bei weichen Teigen mit langer Teigruhe ist eine Salzzugabe am Ende der Knetzeit vorteilhaft, da es die erwünschte grobe Krumenporung unterstützt.
STÜCKGARE	Ruhezeit vor dem Backen, verbessert die Teigstabilität und den Ofentrieb.
TEIGRUHE	Während der Teigruhe entwickelt sich der Teig. Die Mehlbestandteile verquellen, der Teig bindet Wasser und das Klebereiweiß entspannt sich. Hefen und Bakterien bilden Gärgase, der Teig geht auf und entwickelt das für ihn typische Aroma.

ALPHABETISCHES REZEPTREGISTER

BROTE, DIE NICHT AM VORTEIG VORBEREITET WERDEN MÜSSEN

BROTE MIT DINKELMEHL UND DINKELVOLLKORNMEHL (V)

BROTE MIT ROGGENMEHL/ ROGGENSCHROT

FEUERBÄCKERS DANK!

Ich möchte mich von ganzem Herzen bei folgenden Personen und Firmen bedanken: Zuerst einmal beim Bassermann Verlag – ohne sie wäre dieses Backbuch nicht entstanden; bei meinen Freunden, die es mir nicht übel nahmen, wenn ich wieder keine Zeit hatte, weil nur noch Brot gebacken wurde. Danke auch an meine Grillfreunde (ich kann sie nicht alle aufzählen, sonst hätten wir dafür ein eigenes Buch!), die Fleischerei Karl Hobbie aus Edewecht sowie an Rock'n Rubs, North Coast BBQ, Wagyu Bude und Hof Krumkühler.

Vielen Dank insbesondere an die Firmen, die mich bei diesem Buchprojekt unterstützt haben: Allen voran Jörg Päßler von Napoleon für den Prestige 665 Gasgrill und Zubehör, Kenwood Küchenmaschinen – in der Cooking Chef XL wurden alle Teige für dieses Projekt hergestellt und geknetet, an die Firma Monolith, mit denen ich mich sehr viel über Hitze und Hitzeverteilung ausgetauscht habe.

Einen besonderes großen Dank an meine Freunde Thomas und Andrea von der Bäckerei Lohmann in Edewecht, die mich bei diesem Projekt mit sämtlichen Rohstoffen und vielen interessanten Fachgesprächen und Tipps zu 100 Prozent unterstützt haben. Vielen, vielen Dank dafür!

Bedanken möchte ich mich auch bei Birgit Stamerjohanns und Albert Rohloff für das Vorwort sowie dem Fotografen Frank Janßen für die tollen Fotos.

Zum Schluss noch der Dank an die wichtigsten Personen überhaupt: Meine Frau Sylvia, die mich bei den Vorbereitungen und der Umsetzung (da bin ich auch des Öfteren nachts um 2 Uhr aufgestanden, um Rezeptideen aufzuschreiben) immer unterstützt hat und an meinen Sohn Marc.

Ohne Euch wäre es nicht gegangen. Ihr alle habt dem Projekt „Brot backen auf dem Gasgrill" eine Seele gegeben. Ohne Euch wäre es mir nicht möglich, meinen Feuerbäcker-Weg so zu gehen wie ich ihn gegangen bin und weiter gehen werde. Danke!

#derfeuerbäcker
Günter Müller

Videos zu den Rezepten im Buch finden Sie auf meiner Website: www.derfeuerbaecker.de

Folge mir auf Instagram!
der_feuerbaecker

www.napoleon.com, www.kenwoodworld.com, www.monolith-grill.eu, www.lohmanns-backstube.de, www.frank-janssen.de, www.filmteam-papstein.de, www.karl-hobbie.de, www.shop.rocknrubs.de, www.northcoast-bbq.de, www.wagyu-bude.de, www.hof-krumkuehler.de, www.maler-mildenberger.de

IMPRESSUM

1. Auflage

ISBN 978-3-8094-4596-8

Umschlaggestaltung: Atelier Versen, Bad Aibling
Herstellung: Elke Cramer
Bildredaktion: Sabine Kestler
Projektleitung: Anja Halveland

Fotografie: Frank Janßen
Illustrationen: Seite 65: Josefine Britz; Seite 78: Manuela Hutschenreiter

Satz: Nadine Thiel, kreativsatz, Baldham
Reproduktion: Regg Media GmbH, München
Druck und Bindung: Firmengruppe APPL. Wemding

Printed in Germany

Penguin Random House Verlagsgruppe FSC® N001967

NAPOLEON
NAPOLEON
Prestige

DEHNEN + FALTEN

Diese Methode dient zum Aufbau eines guten Klebergerüstes bei Gebäcken, die nur (oder hauptsächlich) aus einer Mehlsorte bestehen. Ein gutes Klebergerüst ist notwendig, um eine lockere, unregelmäßige Porung im Brot zu erreichen. Mit angefeuchteten Händen lässt sich besser arbeiten.

AUF DER BEMEHLTEN ARBEITSPLATTE

Festere Teige lassen sich gut auf der Arbeitsfläche dehnen + falten:

1 + 2 Den runden Teigling zunächst in die Länge, dann in die Breite ziehen.

3 + 4 Die Längsseiten zur Mitte falten.

5 Den Teig etwas in die Länge ziehen,

6 + 7 dann beiden Schmalseiten zur Mitte hin falten.

Den Teig rund formen und wieder ruhen lassen.

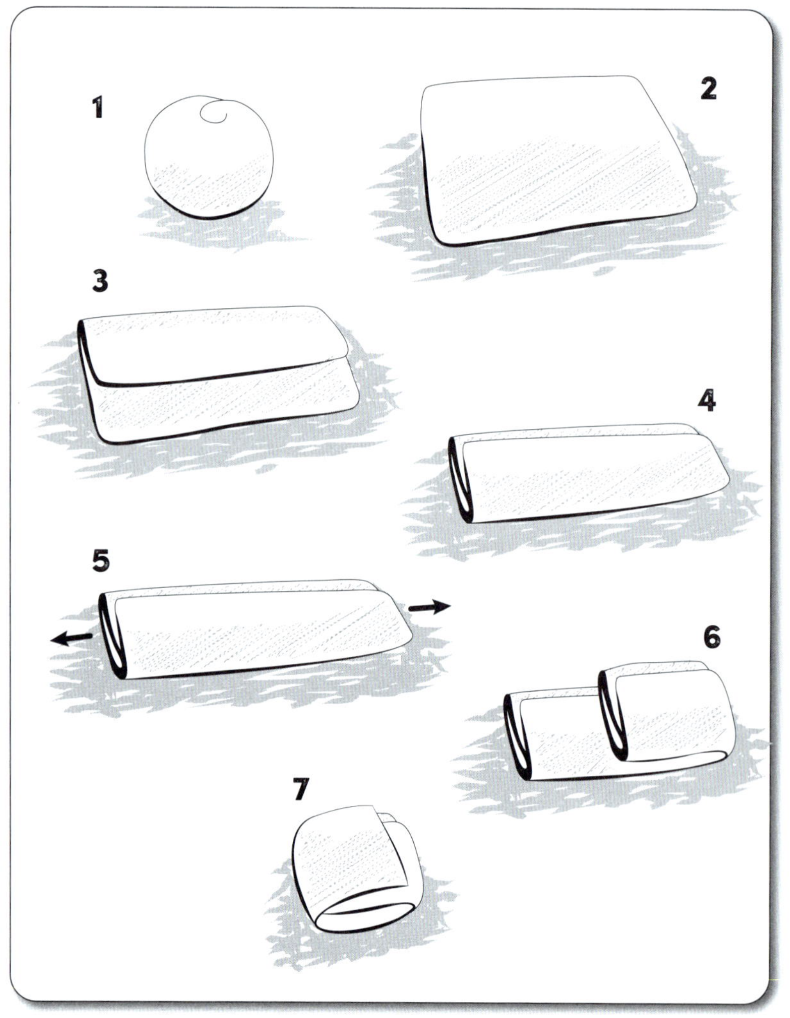